本专著获"凯里学院一流学科建设项目资助"

# 中国乡村教育振兴研究

陈孝凯 / 著

九 州 出 版 社
JIUZHOUPRESS

**图书在版编目（CIP）数据**

中国乡村教育振兴研究 / 陈孝凯著 . -- 北京：九
州出版社 , 2022.6

ISBN 978-7-5225-1055-2

Ⅰ.①中… Ⅱ.①陈… Ⅲ.①乡村教育—教育改革—
研究—中国 Ⅳ.① G725

中国版本图书馆 CIP 数据核字（2022）第 119507 号

## 中国乡村教育振兴研究

作　　者　陈孝凯　著

责任编辑　李　品

出版发行　九州出版社

地　　址　北京市西城区阜外大街甲 35 号（100037）

发行电话　（010）68992190/3/5/6

网　　址　www.jiuzhoupress.com

印　　刷　北京亚吉飞数码科技有限公司

开　　本　710 毫米 ×1000 毫米　16 开

印　　张　12.25

字　　数　206 千字

版　　次　2023 年 3 月第 1 版

印　　次　2023 年 3 月第 1 次印刷

书　　号　ISBN 978-7-5225-1055-2

定　　价　49.00 元

# 前　言

　　乡村振兴是党的十九大报告中提出的重要战略,民族要复兴,乡村必振兴。全面推进乡村振兴是实现中华民族伟大复兴的一项重大任务。乡村振兴内容广泛,不仅包括乡村经济的振兴,还包括乡村民主政治、文化、教育卫生等事业的振兴,其重要性不言而喻。乡村教育对乡村振兴起着关键作用,乡村教育的发展对乡村振兴的贡献主要表现为传承与发扬乡村文化、为乡村振兴提供人才、构建现代化乡村治理模式、提高乡村村民的生活质量等。因此乡村要振兴,乡村教育必须发展完善、提高品质,更好地发挥"为农服务"的功能,总之,乡村振兴需要乡村教育出力,应明确乡村教育的发展方向、清晰定位,在乡村振兴战略的良好契机下审时度势、顺势而为,大力发展乡村教育,提高乡村教育的质量。基于此,笔者在查阅大量相关文献的基础上,精心撰写了本书。

　　本书共有8章。第一章绪论简要说明本书的研究概况及关于乡村教育的研究现状。第二章阐述乡村教育的基本理论及其发展历程,从而形成对乡村教育基础知识及其来龙去脉的基本认识。第三章分析我国乡村教育改革与发展的现状、问题及规律与趋势,以了解我国乡村教育的实际情况,发现问题,为探索改革与发展的路径而提供现实依据。第四章对乡村教育与乡村发展各要素的关系进行阐析,以了解乡村教育对推动乡村社会建设及农业现代化的重要意义。第五章对乡村学校教育课程资源的开发与建设进行研究,以优化乡村教育教学的质量,提高乡村教育水平。第六章研究乡村学校师生发展,教师与学生是乡村学校教学的重要主体,师生的发展直接关系着教学效果,因此要加强对优秀教师的培养和促进学生的全面发展。第七章探索乡村教育振兴与发展的科学路径,全方位推动我国乡村教育的改革与发展,实现教育振兴的战略目标。第八章对乡村教育振兴与发展进行实证研究,从而为地方乡村教育的发展提供参考与借鉴。

总体而言,本书具有以下几个特征。

第一,时代性。民族要复兴,乡村必振兴。乡村发展最终要靠人才,而人才的培养要靠教育。乡村教育事业的发展是乡村振兴战略的重要支点。办好满足乡村振兴需要的教育,推动农村真正实现现代化,是教育部门和教育工作者义不容辞的责任。乡村教育振兴和发展对建设社会主义现代化强国、实现中华民族伟大复兴中国梦具有十分重大的现实意义和历史意义。

第二,系统性。本书在概括选题基本情况的基础上展开具体研究,首先分析乡村教育的基础理论及其发展,然后从乡村教育与乡村发展各要素的关系、乡村学校教育课程资源开发、乡村学校师生发展、乡村教育振兴与发展的路径等方面研究与探索我国乡村教育的振兴之路,最后采用个案分析法对我国乡村教育的振兴进行实证研究。总体上结构严谨,逻辑清晰,具有突出的系统性。

第三,创新性。乡村教育是乡村振兴战略的重要组成部分,与农村工业现代化建设、农民素质的提升等有着重要联系,要抓住乡村振兴战略的契机发展乡村教育,必须加强乡村教育与农村、农业、农民的协调发展,促进它们相互作用,相辅相成,共同提高。基于这一点,本书对乡村教育与乡村发展要素之间的关系进行研究,具有创新意义。此外,本书在乡村教育振兴与发展路径的研究中提出乡村教育信息化发展的创新性路径,教育信息化是信息时代教育发展的重要趋势,推动乡村教育信息化发展对实现乡村教育现代化具有现实意义。

总之,本书深入探索了我国乡村教育改革发展的科学路径和有效策略,并结合个别地区和省份乡村教育的发展情况进行实证研究。希望本书能够为提高我国乡村教育发展水平、实现教育公平以及进一步落实乡村振兴战略做出贡献。

本书参考了很多专家、学者的研究成果,在此表示诚挚的感谢。书中难免有不妥与疏漏之处,敬请广大读者批判指正。

# 目　录

# 第一章　绪　论

中国的乡村教育不仅仅是教育的问题、乡村的问题,更是我国现阶段推行的乡村振兴战略的核心内容。乡村教育是乡村发展的短板,也是影响着我国是否能持续、强劲发展的重要制约因素,国运兴衰系于教育,发展乡村教育事业,直接关系到农民的切身利益,也关系到社会主义现代化国家和建成现代化强国奋斗目标的实现。因此对乡村教育振兴的研究肩负着重要的时代使命和历史责任。

本研究从我国乡村教育的发展历程开始,对我国乡村教育的整体发展概况进行了系统梳理,从乡村教育改革与发展研究,到乡村教育与乡村发展各重要因素之间的关系,再到乡村学校、乡村教师、乡村教育课程资源等方面,具体地探讨了乡村教育建设与发展的解决方案,并给出了乡村教育振兴的策略与路径,以及几个典型的发展案例。希望从理论研究与实践数据两方面对我国乡村教育的振兴做出充分的研究与整理,以期能为我国的乡村教育改革与建设做出一些贡献。

## 第一节　研究背景、目的及意义

### 一、研究背景

（一）乡村教育振兴成为国家发展战略

改革开放以来,随着我国社会的快速发展,乡村社会也发生了显著的变化。国家对乡村的建设和发展,特别是乡村教育的发展高度重视,并且上升到国家战略的高度。新时代"乡村振兴战略"为乡村教育振兴带来新机遇。2017 年 10 月,十九大报告中提出乡村振兴战略,这是全面建设社会主义国家的重大历史任务。乡村教育振兴是乡村振兴的重要组成部分,它的主要工作内部包括推动城乡义务教育一体化,重视发展乡村义务教育,办好学前教育和特殊教育,普及高中阶段教育。要从根本上解决乡村优质教育资源短缺的问题,逐步缩小城乡教育差距,打破城乡二元结构的现状,努力实现教育公平,让我国的每个公民都享有受到良好教育的权利。最终实现整体提高国民素质,实现国家的全面强盛。

### (二)我国乡村教育的发展现状

#### 1. 乡村经济决定着乡村教育

纵观历史,凡是经济发展水平较高的时期,乡村教育的发展水平也相应较高。社会经济水平不仅影响着乡村教育发展的规模和速度,同时也影响着教育资源的优劣。比如,是否能满足乡村教师的价值感并留住优秀的教师,从而决定着教育的质量和内容。有调查数据显示,我国经济较发达地区的乡村教育水平要高于全国乡村教育的平均水平,同时成人教育和职业教育水平也相对发展较为突出。可见乡村经济决定着乡村教育发展,当然乡村教育的发展也会反过来推动乡村经济的发展。

#### 2. 乡村教育依赖于乡土特性

我国的教育历史悠久,而乡村教育是中国教育活动的根基,乡村是中华文化的发源地。我国古代的官学和私学都具有突出的乡土特色,因此,乡村教育振兴要立足乡村自身的文化特性。相较于城市,我国的乡村保留着更为浓厚的传统文化气息,比如传统文化中的重仁义、讲诚信,推崇勤俭朴素的价值观,追求家庭和睦,邻里相亲,对集体和家族的观念有较高的自觉性。这些都是我国传统文化的宝贵遗产,也是振兴乡村教育的坚定基石。但不得不正视的是,重男轻女、守旧陈腐的观念,以及迷信封建的作风与习俗也制约着乡村的社会进步和教育发展。总而言之,乡村教育振兴应考虑乡村自身文化特点,并考虑乡村现代化发展需要,在此方面要深入研究

## 二、研究目的

通过研究、调查与分析,对我国现行的乡村教育情况做出准确的定位和梳理,并为乡村教育的振兴指明方向,提出具体可行的实践意见和执行方案,才能加速我国乡村教育振兴以及乡村振兴的发展步伐,为解决发展中遇到的现实问题提供解决思路与方案。

本书还对乡村教育与现代农业、现代农村、现代农民之间的关系进行了全面而具体的分析,从不同角度和不同层面深刻解析乡村教育振兴与乡村振兴的战略关系。并且对乡村学校、乡村教师和乡村学生等重要组成因素进行调查与分析,为制定具体的发展策略给出意见和建议。另外,对几个具有代表性的乡村教育振兴实例展开分析,希望能为广大的乡村教育政策制定者实践者提供参考。

## 三、研究意义

孙中山先生在一百多年前就曾经指出"教育兴则乡村兴"。如果要乡村振兴必然先要乡村教育振兴。教育作为一种人道主义事业,其根本价值就是激发出个体更大的潜能,从而为社会创造出更多的价值,也就是说,只有个体得到全面的发展,社会才能有旺盛的创造力和生产力。因此,研究乡村教育振兴是符合国家发展意志的现实需要,特别是当前阶段,通过近几十年的努力发展,我国的综合国力显著提高,这是中华文明厚积薄发的一种体现,然而如果要实现持续的、稳定的高速发展,必须从教育抓起。因此,研究乡村教育的振兴不仅仅是改善和提高我们乡村教育的结构与质量,还是决定着未来乡村社会发展的关键所在,更关系到国家整体发展战略的实现。它具有重要的理论意义和现实意义。

（一）理论意义

1. 为我国乡村教育振兴的发展提供科学、翔实的理论基础。

2. 拓展乡村教育振兴的研究范畴,从与乡村教育发展息息相关的农业、乡村经济、乡村社会、乡村教育资源等方面进行辩证分析,挖掘乡村教育振兴对我国乡村振兴以及社会发展的深刻价值。

3. 本书以乡村教育的历史发展进程为依据,对当代乡村教育的发展规律与趋势进行科学研究和分析,对乡村教育资源的整合、乡村经济发展的促进以及乡村社会发展的整体发展方略提供理论借鉴。

（二）现实意义

1. 了解我国现阶段乡村教育的真实水平与现状。

2. 对开展乡村教育振兴提供准确的现实依据，为制定具体可行的乡村教育振兴发展策略给出建议。

3. 根据各个地区的不同情况，了解制约当地乡村教育发展的具体困境，努力提供不同的发展策略和解决方案。

4. 找出具有代表价值的乡村教育实例，争取给其他亟须进行乡村教育发展与改革的广大乡村教育工作者提供启发和借鉴价值。

# 第二节　相关概念的界定

确认了研究主题之后，接下来有必要对研究领域的相关概念进行界定、梳理和明确。基于本书的研究主题和研究范围，涉及的基本概念包括：乡村教育、乡村振兴、教育价值、教育价值取向、乡村教育价值取向等，以下是对这些概念的具体明确。

## 一、乡村教育

对乡村教育概念的界定是研究中国乡村教育振兴的逻辑起点。学术界对于乡村教育的概念有多种意见，但是从宏观上看，乡村教育是指服务于乡村建设和乡村经济发展的一切教育，"既包括乡村的学校教育，也包括其他非正式、非正规的乡村教育活动，以及城市里的直接或间接服务于乡村发展需要的普通高等教育与中等、高等职业教育等"①。因此从理论上讲，乡村教育既包括广大学龄儿童、青少年的学校教育，也包括成年村民的成人职业教育和技能培训教育。

---

① 田静.教育与乡村建设：云南一个贫困民族乡的发展人类学探究[M].北京：中央编译出版社，2013：19.

从微观上看,乡村教育主要是指乡村的学校教育,主要集中在义务教育阶段,包括学龄前教育,小学、初中的九年义务教育。它们是阶段进行的有组织、有目地以学龄儿童的全面发展为目标的教学实践活动,是我国乡村教育的重要根基,决定着我国乡村发展的整体教育水平,影响着乡村社会、经济、文明的发展速度和发展程度。

### 二、乡村振兴

乡村振兴是十九大报告中提出的国家重要发展战略之一。报告中提出中国特色的乡村振兴道路的具体方向,共分为以下七条:
（1）必须重塑城乡关系,走城乡融合发展之路。
（2）必须巩固和完善农村基本经营制度,走共同富裕之路。
（3）必须深化农业供给侧结构性改革,走质量兴农之路。
（4）必须坚持人与自然和谐共生,走城乡绿色发展之路。
（5）必须传承发展提升农耕文明,走乡村文化兴盛之路。
（6）必须创新乡村治理体系,走乡村善治之路。
（7）必须打好精准脱贫攻坚战,走中国特色减贫之路。[1]

### 三、教育价值

价值的概念在学术界一直没有形成定论,一种观点认为,价值是人的需要的满足,属于个人的主观感受和态度;也有一种观点认为,价值是能满足人的主观需要的一种客观属性;还有一种观点认为价值是主客体的关系。那么由此可以推导出,教育价值的概念应该是"教育作为社会系统中的一种客体,对社会主体的发展需要的一定满足"。[2]

### 四、教育价值取向

教育价值取向目前有两种理解。一种观点认为,"教育价值取向是教育主体在进行教育活动时,根据自身的各种需求在进行教育选择时表

---

[1] 谱写新时代乡村振兴新篇章.《人民日报》2017年12月30日.
[2] 王卫东.现代化进程中的教育价值观[M].北京:中国社会科学出版社,2002:32.

现出来的一种价值倾向性,也可以理解,就是指在同时存在若干种教育方案或意向时,教育主体从自己的需求及利益出发,选择和倾向于某一价值方案和意向,以实现自己的教育价值目标。"[1]

### 五、乡村教育价值取向

乡村教育价值取向是指与乡村教育活动相关的主体与乡村教育活动客体之间的关系,教育主体根据自身的需要和目的等,从观念、行为、活动等方面构建、影响、变革乡村教育活动,在此过程中促进乡村教育主体的进步与发展。乡村教育价值也具有特定的主体性,与乡村教育相关的主体包涵国家、社会、家庭、村民、学校、教师、学生等,这些主体的需求及目的存在差异,对乡村教育价值的认知因此也各不相同,这就形成了乡村教育价值观。

# 第三节　研究现状

### 一、研究综述

笔者就关于农村教育问题包含的各个方面,比如教育资源、教育资金、教育公平、教师问题、农村职业培训及成人教育问题等都做了比较全面的研究,并在研究论证的基础上给出颇具洞见的分析和阐述,以及极具前瞻性的建议。从现有研究成果来看,基本上所有研究者的研究和分析都建立在实际调查和数据分析基础上的,保证了研究方法的科学性。同时,也要正视它的局限和不足之处,截至目前我国关于乡村教育的研究还有很多工作需要完善和推进。这是因为一切研究最终都需要实践和时间的反复检验。目前的研究成果也有一部分属于逻辑推理,一些观察和观点也难免具有个人的局限性,总之还尚待实践验证。另外,有些理论不能全面概括我国乡村的实际情况,缺少因地制宜,如果不考虑地区的实际差异,很难保证结论的准确性。乡村教育问题是我国经济

---

[1]　刘旭东.教育价值浅论[J].青海师范大学学报,1990(1):5.

建设和全面实现现代化国家的关键所在,在受到历史影响和客观世界的双重冲击之下,我国在乡村教育改革中存在很多困难,但无论是自身发展的需要还是应对国际世界的竞争态势,都对发展振兴乡村教育提出迫切需求,只有教育才能从根本上提高农民的综合素质和生产率,才能保证农业的快速发展,才能保证我们整体国力的强势发展。要实现乡村教育的振兴就要全面推进乡村教育,包括普及义务教育、加强职业技能教育、综合素质教育和继续教育,保证农民教育素质适应社会和时代发展的需求。同时要积极与国际接轨,努力让中国现代农村、现代农民和现代农业以全新的面貌走向世界。

## 二、现状分析

（一）对当前乡村教育现状的研究综述

乡村教育对我国的现代化进程有着非常重大的影响,但迫于各种历史原因和现实条件,就目前的研究来看我国当前的乡村教育现状并不乐观。任平的研究指出,在建设"新农村"的过程中,乡村教育正徘徊在"有为"与"难为"之间。① 邓琴等人的研究指出,中国城乡发展的不平衡造成了教育的城乡二元化发展格局。② 李芳云的研究从经费投入、基础设施配置、农村师资配置方面剖析了乡村教育存在的不公平现状。③ 谢俊红指出,当前乡村教育现状对乡村经济的影响和乡村落后的教育现状制约着乡村经济的增长。④ 董强等人从性别与教育的角度对中国农村教育领域的性别不平等进行了研究。⑤ 马洪江等人对西部少数民族地区农村教育中存在的师生比偏高、软硬件建设滞后、三低一高现象进行了

---

① 任平.对农村教育现状的理性审视 [J].教育探索,2007（6）:7-8.
② 邓琴,覃永县.农村教育身份的缺失——论城乡教育二元格局下的农村教育 [J].学术论坛,2008（4）:205-207.
③ 李芳云.农村教育的公平透视及制度建构 [J].继续教育研究,2007（3）:38-40.
④ 谢俊红.城乡教育差距与农村教育发展 [J].云南行政学院学报,2008（5）:95-97.
⑤ 董强,李小云,杨洪萍,等.农村教育领域的性别不平等与贫困[J].社会科学,2007（1）:140-146.

研究。① 刘新科则专门对中国西部农村教育的现状展开相关研究。② 有的学者在研究农村教育问题时将理论与实践进行了结合,如刘小锋等人运用公共物品理论,以福建省40个行政村为例,通过入户调查资料及数据对农村教育的供给状况进行分析,得出农村教育供给陷入短缺困境的结论。③ 除了国家发展战略对乡村教育提出新的要求,农民自身也随着时代和社会的发展,切身感受到知识的重要性,并逐步对教育有了全新的认识,并提出很多具体的学习需要。秦玉友等人指出随着乡村教育的发展,乡村教育的主要矛盾从扩大教育规模实现教育普及转向关注教育质量和有效提高农村人口素质的竞争力。④ 提高乡村教育质量逐渐成为当前农村教育发展的时代主题。此外,学术界也越来越重视乡村教育评价指标体系的建立。如邬志辉等人指出,乡村教育在全面建设小康社会及社会主义新乡村建设中处于关键性、战略性的地位,建立一套科学合理的乡村教育发展指标体系来评价、监测和指导我国乡村教育发展是非常必要的。⑤

（二）对当前乡村教育发展对策的研究综述

在对当前的乡村教育现状做了深入透彻的研究的同时,我国的学者们对如何解决实际问题以及如何战胜眼下的困境展开了进一步的探讨,并取得较丰富的成果。其中有的学者对现有的对策建议进行了反思,如杨挺等人指出当前解决乡村教育问题的政策和建议大部分是基于帕累托最优理论设计的,所以政策和建议的可操作性效果并不好。⑥ 很多学者对如何解决当前乡村教育中存在的问题提出建议,这其中既有偏向理论性的建议,也有偏向实践性的建议。如胡俊生等人提出,为了解决乡村教育中存在的问题,应该顺应城市化潮流和民众意愿,实施乡村中学

① 马洪江,陈松,黄辛建.西部少数民族地区农村教育问题研究——以四川省马尔康县为例[J].中国教育学刊,2009（9）：31-33.
② 刘新科.西部农村教育现状、问题及其思考[J].教育理论与实践,2005（3）：24-27.
③ 刘小锋,林坚,李勇泉.农村教育供给问题研究——以福建省40个行政村为例[J].教育发展研究,2008（11）：5-8.
④ 秦玉友,于海波.从数量扩张到质量提升:农村教育发展的主题转换与战略转型[J].教育理论与实践,2009（11）：32-34.
⑤ 邬志辉,马青.美国农村学校与社区信托基金会的农村教育指标体系及启示[J].外国教育研究,2008（3）：29-34.
⑥ 杨挺,马永军.当前我国解决农村教育问题的思路设计——基于卡尔多—希克斯效率理论的思考[J].教育学术月刊,2009（7）：82-83.

由乡向城的转移。① 陈旭峰指出农村教育应该在城乡一体化的框架之下适时地开展分流教育。② 杨志军在社会主义新农村建设视野下探讨了我国乡村教育的体系创新。③ 梅健等人指出,政府在乡村教育上的最大责任也是最大作为就是在全社会中进行一种价值引导。④

有部分学者如毛书林、吴淑娴等人分别对中国西部、中部等相对落后地区如何解决乡村教育问题进行了探讨。⑤ 在如何有效解决乡村教育中存在的问题方面,很多学者借鉴了中国近代一些教育学家的思想。如叶凤刚通过研究黄炎培的乡村教育思想得到了一些启示。⑥ 刘小红等人指出,陶行知的教育思想与经验对我国当前的乡村教育改革有着重要的借鉴意义。⑦ 刘河燕对当代教育家晏阳初提出的"四大教育"和"三大方式"的乡村教育模式进行了研究。⑧

韩丽和王晓慧认为,乡村教育振兴是实现我国乡村稳步发展的重要前提,必须加快对乡村教育事业的发展,加强教育基础建设。针对现阶段农村教育在师资队伍、课程设置、"互联网 + 教育"以及留守儿童等方面存在的问题,必须尽快对乡村教师队伍加强培养和建设,提高乡村教育质量,建设"互联网 + 教育"。

尤其是"互联网 + 教育"在新冠疫情期间发挥了重要的价值。而在乡村教学中,农村教师由于接触多媒体教学工具较晚,机会较少。从教师实操情况来看,许多的年轻老师不熟悉"互联网 + 教育"的操作设备,甚至也不常用多媒体工具教学,特别是老教师更习惯于传统的教学模

① 胡俊生,李期.农村教育城镇化:城乡一体化的助推器 [J].甘肃社会科学, 2010(2):53-55.
② 陈旭峰.实施城乡一体化的分流教育——布迪厄的文化再生产理论对当前农村教育的启示 [J].教育学术月刊,2010(7):3-6.
③ 杨志军.论社会主义新农村建设视野下我国农村教育的体系创新 [J].社会科学家,2007(5):136-139.
④ 梅健,林健.农村教育发展中地方政府作为的思考——基于重庆南川 M 镇"关爱留守儿童教育工程"的田野调查 [J].当代教育科学,2007(2):23-26.
⑤ 毛书林.西部农村教育现状与再发展对策 [J].中国经贸导刊,2007(19): 45-46.
⑥ 叶凤刚.黄炎培农村教育思想及其当代启示 [J].继续教育研究,2008(7): 16-18.
⑦ 刘小红,尹清强.农村教育改革旨在"为何"——论陶行知"为农"的乡村教育目的观及其当代启示 [J].教育科学研究,2007(6):20-23.
⑧ 刘河燕.晏阳初乡村教育思想及其对当代农村教育的启示[J].中国成人教育, 2009(10):159-160.

式,即使有些老师使用多媒体教学,老师选择的内容也相对较为简单、随意,并且整个过程下来,师生之间缺乏互动,"互联网＋教育"的功能优势没有得到充分发挥。推广"互联网＋教育"的另外一个障碍是乡村教育机构缺乏多媒体教学的后勤保障,比如专业的计算机教师,没有基本的技术支持等。

另外留守儿童也是乡村教育振兴中需要特别关注的重点问题,监护人缺位或者监护人不当对留守儿童的成长带来长期的不利影响。①

刘鑫辉、刘越男认为,目前我国的乡村教育表现为教育资源不足、师资力量流失等特点。另外,乡村地区的家庭教育存在"隔代教育"现象,一般而言,老一辈的人文化素质较低,在教育问题上多采用溺爱的方式,常常没有原则,也不能帮孩子树立正确的人生观和价值观,并且教育观念陈旧,对接受义务教育和高等教育没有足够的认识,缺乏明确的目标和远大的理想。因此,乡村的家庭教育状况也应该得到重视和改善。②

宋宇、祁占勇通过研究指出,在乡村振兴战略下的乡村教育振兴发展,其中很重要的一部分是乡村职业教育。对于这方面的研究众多,研究共有赋能、定向师范生、问题思考、中高职衔接教育、农民教育培训、贫困文化和乡村文化振兴等七个聚类。但乡村振兴战略视域下农村职业教育研究存在着研究未形成合力、问题同质化、忽视农村职业教育微观研究、忽视人本性等问题。研究还指出,需要从加强后脱贫时代农村职业教育助力美丽乡村建设研究、深化农村职业教育高质量发展研究、加强农村职业教育融合治理现代化研究、提高农民职业培训实效性研究、农村职业教育研究范式转型等方面不断拓展。③

梁龙、张静、孙凯从终身教育视角对文明生态的教育现状及困境进行了研究,发现文章基于终身教育理念分析了中国乡村生态文明教育实施现状及困境,并发现目前我国乡村教育存在四个方面的问题:教育内容落后、手段单一,"三治并举"缺失,忽略妇女、老人、留守儿童等弱势群体,教育组织体系单一。在提出这四个问题的同时,该研究也给出

① 韩丽,王晓慧.乡村振兴视角下的乡村教育现状分析[J].农村经济与科技,2021,32(7):314-315.
② 刘鑫辉,刘越男.农村小学教育现状及对策研究[J].新农业,2021(11):88-89.
③ 宋宇,祁占勇.乡村振兴战略视域下农村职业教育研究现状和未来展望——基于科学知识图谱的分析[J].武汉职业技术学院学报,2021,20(4):5-12.

具体的对策，以期为乡村生态文明建设与乡村振兴战略的实施提供借鉴。①

（三）对今后乡村教育振兴研究的展望

1. 研究重点

（1）更加深入地了解乡村教育发展的现状与问题。只有在真实了解乡村教育现状与问题的基础上，才能对不同区域的乡村教育提出因地制宜的对策和应对方法，才能行之有效，才能解决乡村教育中面临的问题，推动乡村教育的发展，促进乡村振兴的全面发展。

（2）从促进地区发展的角度展开研究乡村教育与当地经济社会发展的关系。教育有长远目标和短期目标之分，长期目标是提高人的综合素质，提高社会的文明水平，短期目标是提高人的生产能力和技能，从而对提高个人的生活水平、促进当地经济社会的发展创造条件。因此，应该立足当地的发展情况和地区特性有目的、有针对性地进行乡村教育改革，并期待短期内得到可见的提高和收益，这样会更加鼓励农民的学习积极性，从而形成良性循环。

（3）比较不同地区乡村教育活动中的现状、问题与对策。让横向研究和纵向研究同时进行，总结发达地区乡村教育的经验，为落后地区乡村教育的发展提供参考和借鉴，甚至相互交流给予合理的支持。按照"因地制宜、分类指导、梯度推进"的原则推进乡村教育事业的发展。

（4）借鉴参考国外乡村教育的成功经验。他山之石可以攻玉，国外在工业化进程中也经历过相似的阶段，他们做过哪些尝试、走过哪些弯路以及有哪些通过实践验证的经验，都是对我国乡村教育改革中的宝贵资源，可以合理地学习和利用。特别是农业产业化和发展生态农业方面，值得我们深入地进行研究，并结合中国的实际情况为当前乡村教育发展振兴提供新的思路和借鉴。

2. 研究难点

对于今后乡村教育发展振兴的研究，要在宏观与微观、理论与实践

---

① 梁龙，张婧，孙凯.终身教育视角下乡村生态文明教育现状、困境与路径[J].北京宣武红旗业余大学学报，2021（1）：19-25.

的结合上阐明问题。因为提出问题是解决问题的重要开始,只有提出揭示关键要素的问题才能快速地解决并产生实际的效果,真正地推动事物的进步和社会的发展。具体来讲有如下几个方面:

(1)乡村教育并非仅是一个单一的问题。我国东部沿海地区发展迅速,而西部地区发展较滞后,在行政系统内同样级别的乡村情况却大相径庭。比如不同的经济发展程度,不同的文化观念,不同的教育诉求等等,情况非常复杂,很难有一个统一的解决模式。即使在同一地区的内部,其乡村教育也存在很大差异,要根据每个地方的实际情况找到真正的问题所在,并据此提出发展乡村教育的对策,而这并非易事。

(2)乡村教育与当地经济社会发展的关系。乡村教育与当地经济社会发展存在着潜移默化的关联,很多时候这种关系是间接的,有较长的关系链条,很难一下子被发现。一方面,教育投入的回报周期很长,在一些乡村社会结构单一、经济发展又极为落后的地区,很可能短期内见不到教育的回报,反而打击了人们对教育的信心而过早地放弃。在这种情况下,就要根据当地的特殊性展开特别的教育计划,通过选择周期较短的方式,先激发出乡村的活力,具体的对策还有待进一步的探讨。

(3)不同地区之间乡村教育的横向比较很难达到纵向研究的效果。横向可以提高研究的效率,但未必能提高准确性。不同地区之间社会经济状况的差异决定着在不同地区之间横向对比乡村教育,存在着很大的局限性,往往借鉴意义有限。但通过横向比较可以开拓思路,启发灵感。

(4)借鉴国外乡村教育的成功经验要结合中国国情。大处着眼,小处着手。在不同的文化、不同的民族、不同的发展进程等前提下,如果照搬国外乡村教育的成功经验显然是不切实际的。但是无论哪个国家,对乡村教育改革的诉求以及背后的运行逻辑是基本相通的。因此可以结合中国国情,从宏观上和微观上灵活地学习和借鉴。一边摸索一边实践,辩证地研究、分析与借鉴。

### 三、突出问题

#### (一)亟待培养优秀的领导队伍

在国家对乡村教育振兴工作的部署当中,非常重要的一个环节是乡村教育领导队伍的建设。因为战略、制度和方向再正确,如果没有有力的实施也将成为空谈。在乡村教育的实践工作中,领导人也就是乡村的校长队伍是核心抓手,他们的工作能力和管理能力将直接决定着乡村教育振兴的质量和效果。现有的情况是乡村学校校长的选取较多地倚重工龄资历,但是从教多年的老教师未必是一名优秀的管理人才。而且,乡村教育系统对教师的持续培训机制也相对薄弱。现有的乡村学校校长普遍年龄偏大,思想陈旧,职业倦怠严重,使学校发展严重缺乏活力,在某种程度上拖慢了乡村教育振兴的速度。有一个好校长就能带动一个好学校的诞生,可以说,抓好乡村学校校长队伍的建设是进行教育振兴的重要抓手,因此提高乡村学校的领导队伍建设是具体实践中一个重要问题。

（二）教育优质资源不平衡

相比于城市,乡村的发展在各方面都较为落后,于是导致我国大部分乡村常年处于人才流失的状态。这是因为学有所成的乡村子弟首选留在城市发展,绝大多数受过良好教育的大学生都不愿返乡建设。乡村吸引人才难度大,那么乡村的发展建设难度也自然增大。特别是优秀的教育人才非常短缺,成为乡村教育振兴中的一大掣肘因素。另一方面,有不少外出务工人员的孩子随父母在异地入学,于是乡村小学生数目减少,而城镇的学生数却陡然增加。乡村地区生源有限,导致教育经费难以增长,同时教师又趋于老龄化等等,是导致乡村小学发展缓慢的一个客观原因。而且,乡村的教学内容陈旧固化,像英语、音乐、体育、美术等科目常年缺乏专科毕业的教师补充,基本上是以现有教师转科、兼课等形式教学,因此教学质量有些不能达标。

（三）师资结构不合理

师资结构不合理主要体现在年龄和性别等方面,比较突出的现象是乡村教师中青年教师的比例较低,整体的教师队伍倾向于中老年化,乡村难以吸引青年教师,因此比例严重失衡。在性别方面,以女性教师居多,男性教师偏少,长此以往,将对学生的人格发展造成不利影响。导致这一现象的主要原因,是乡村学校的条件差,待遇低,很难吸引和留住青年教师,特别是青年男性教师,这也对乡村教育振兴发挥着消极影响。

# 第四节　研究内容与方法

## 一、研究内容

从我国乡村教育的发展历程到乡村教育的发展现状、面临的现实困境,到农业发展、农民发展以及乡村社会发展等与乡村教育之间的相互影响和辩证关系,试图通过全方位的研究与调查,对我国的乡村教育振兴做出全面的、科学的分析与展望,并提出可行性发展建议。

具体的研究内容如下:

(1)我国乡村教育的发展历程和独有特征。

(2)我国乡村教育改革的现状、具体困境以及未来发展趋势。

(3)我国乡村教育与乡村发展各要素之间的辩证关系。

(4)我国乡村教育的课程资源的内容、建设与开发。

(5)我国乡村教师的培养体系、乡村学校的发展建设以及与乡村学生之间的发展关系。

(6)我国乡村教育振兴的几种发展路径与实例分析。

## 二、研究方法

### (一)文献法

文献法是指通过对文献的收集、鉴别和归纳,进行整理和分析,从而寻找研究的突破点。常用的文献资料信息库有中国知网、中国学术文献网络出版总库、中国优秀硕(博)士学位论文数据库、中国期刊全文数据库等,另外还有海量的网络图书资源检索,对我国的乡村教育历史、现状、乡村教育与时代发展的关系、乡村课程资源等方面的文献、论文和报告进行了系统的梳理,然后做出全方位、多角度的分析,努力给出准确、科学、可行的归纳与总结。

（二）访谈法

文献法是基于史实文献的整理研究，属于文本层面的研究方法。而访谈法则是基于研究主题的需要，选择相关的人群或特定的重点人物进行访谈，是一种更为鲜活生动的研究方法。它的主要工作方法是首先确定访谈主题和相关人群，然后进行访谈提纲的制定，准备核心问题，然后通过走访我国各个地区、处于不同经济水平、具有不同文化传统或民族特色的乡村学校，对学校的师生、当地的居民进行现场访谈，获取信息和收集资料，并对他们的诉求和需要进行探寻与整理，为本研究提供现实参考。

（三）比较法

比较法是对两个或多个地区的乡村教育现状、结构、体系进行比较，总结和发现他们的共性与特性。比如从地区的教育传统、经济发展水平、历史人文传统、观念习俗和教育资源等几个重要方面进行整理和比较，分别对他们的优势与困境进行收集，以求为我国乡村教育的相对水平和发展关系进行量化的分析，并基于此提出有益的建议和启示。

（四）个案研究法

乡村教育振兴在具体的实践过程中，是由一个个具体的乡村、乡村学校和乡村教师共同完成的，这其中有各种不同的现实条件，而且每一步的工作主体也各有不同。因此，在研究时务必要从细节着手，因为某些细节具有重要的决定意义。本书在研究过程中选取了几个具有代表性的个案，希望通过对这些已经摸索出自身发展特色的乡村教育典范进行分析，总结其成功的经验，以及发展过程中遇到的挫折与教训，希望以此对我国众多的亟待寻求振兴方案的乡村教育改革提供新的思路和借鉴方法。

# 第二章 乡村教育与发展概述

在我国的整个教育体系中,乡村教育扮演着十分重要的角色,因为我国农村人口众多,农村孩子的教育问题如果解决不好就会严重影响我国整体教育水平。我国历来就比较重视乡村教育,在党和政府的各种教育政策扶持下,我国的乡村教育也获得了比较快速的发展,无论是学校师资队伍建设还是教育质量都得到了明显的提升。本章对乡村教育的一些概念、内涵等理论做出一定的阐述,并讲述我国乡村教育的发展历程。

## 第一节 乡村教育的内涵与特征

### 一、乡村教育的内涵

#### (一)乡村

通常情况下,相对于城市而言,农村是以从事农业活动为主要生活来源、人口较分散的地方,是居民以农业活动为基本经济内容的一类聚落的总称。国外不少的专家与学者都普遍认为,乡村地区一般人口比较稀少、以农业生产为主要经济基础,生活与城市居民并没有什么大的不同。

《辞源》中关于"乡村"的解释:乡村为主要从事农业、人口分布较城镇分散的地方。而在《新华大字典》中,"乡"字的解释主要有三种,即农村、乡村和城市外的地方;出生的地方或祖籍;我国行政区划的基层单位,由县或县以下的区领导。在《现代汉语词典》中,"乡"字的解释有四种:乡村(与"城"相对);家乡;我国行政区划的基层单位,由县一级行政单位领导;"乡村"是指主要从事农业、人口分布较城镇分散的地方;"农村"则是指以从事农业生产为主的人聚居的地方。综上所述,对于乡村的概念各有不同的理解,但总体上而言,乡村一般泛指城市等政治、经济中心以外的广阔区域,这一见解还是受到绝大多数人的认可的。

关于乡村的概念,我们还可以从行政区划这一角度来理解。以行政区划为角度,乡村是指城镇地区以外的其他地区,主要包括集镇和农村。集镇是指乡、民族乡人民政府所在地和经县人民政府确认由集市发展而成的作为农村一定区域经济、文化和生活服务中心的非建制镇;农村指集镇以外的地区。在我国,通常镇分为县镇(又称县城)、乡级镇及少数村镇,镇是城市和农村的中间体。可见,从行政区划上来说,乡村也即县以下区域,指城镇以外的广阔区域,具体包括广大乡镇和村落;乡村不等于农村,农村只是乡村的一部分。需要注意的是,城镇不等于城市,城市是指经国务院批准设市建制的城市市区,包括设区市的市区与不设区市的市区;镇主要是指经批准设立的建制镇的镇区。一般来说,城市只是城镇的一部分,城镇的含义要更加广泛,城镇既包括城市也包括县镇。我国政府颁布的《统计上划分城乡的规定》依然将我国地域划分为城镇和乡村,指出"城镇包括城区和镇区。城区是指在市辖区和不设区的市,区、市政府驻地的实际建设连接到的居民委员会和其他区域。镇区是指在城区以外的县人民政府驻地和其他镇,政府驻地的实际建设连接到的居民委员会和其他区域。……乡村是指本规定划定的城镇以外的区域"。

通过以上分析可以发现,"乡村"这一概念还是比较宽泛的,它是与城市相对应区域的总称,主要包括乡镇和村落两个部分。本书主要采用"乡村"的概念,主要以我国的山东省为例,山东省辖区内的乡村不仅包括内陆以农业为主的地区,也包括沿海以打鱼为生的渔村,农业、工业、渔业、牧业等都是乡村居民所主要从事的职业类型。明显可以看出乡村的概念及延伸范围要比农村更加广阔,与我国的国情是非常相符的。

（二）乡村教育

关于乡村教育，我们可以从以下两个视角来理解。

1. 空间视角

空间视角主要指的是从地域的维度来理解和解读乡村教育，以地域视角来看，乡村教育有别于城市教育，"乡村"主要是指"城镇地区以外的其他地区，我们平时所说的集镇和农村等都属于乡村的组成部分和内容。其中，集镇主要是由集市发展而成的作为农村一定区域经济、文化和生活服务中心的非建制镇。农村指集镇以外的地区。此外，国家统计局《关于统计上划分城乡的规定》指出，"乡村是指本规定划定的城镇以外的其他区域，包括乡中心区和村庄"。也就是说，乡村教育是指乡中心区和村庄的教育，这一部分是我国整个学校教育的重要组成部分，对于我国的社会主义现代化建设具有重要的意义。

2. 价值视角

从价值视角来分析乡村教育具有重要的现实意义，目前很多专家及学者主要持以下观点：第一是以肯定的视角看问题，从这一视角来看，乡村教育的历史传统和文化底蕴更加浓厚，这是城市教育无可比拟的，其发展的好坏在一定程度上影响着中国教育的质量。第二是以否定的视角看问题，受中国封建传统思想的影响，中国的乡村教育也呈现出落后、野蛮等的一面，它比较排斥"现代文明"，在一些地方与现代文明显得格格不入，因此加以改造是不可避免的。为适应现代社会发展的形势，乡村教育要加快改革与发展的步伐，努力向城市教育看齐，不断完善自身才能为社会培养大量的高素质人才。

乡村教育是我国教育的重要内容和组成部分，其发展无论对于国家还是个体都具有非常重要的意义。乡村教育的健康发展有利于我国的社会主义现代化建设，有利于人民群众的和谐稳定与团结，对于个体的文化涵养和人格塑造也起着非常重要的作用。综上分析，可见乡村教育的重要价值与意义，乡村教育不仅是我国社会教育的重要内容，也是我国乡村社会的有机构成部分，对于乡村儿童的健康成长，对于美丽乡村建设，对于社会的和谐稳定均具有不可磨灭的作用。

乡村教育的内涵非常丰富，我们可以从宏观、中观及微观意义上来理解。宏观的乡村教育主要是指为乡村建设和发展服务的一切教育,其教育对象不仅仅是指乡村的学龄儿童和村民。中观的乡村教育主要是指乡村地区的教育,它既包括通常意义上的学校教育,也包括乡村地区的其他一些文化、风俗等教育活动,其目的是促进乡村儿童的健康成长与发展,促进乡村的教育与社会发展。微观的乡村教育主要是指乡村的学校教育,主要是对适龄儿童进行有目的、有组织地的身心教育的一种实践活动。

## 二、乡村教育的特征

### (一)乡村教育内容的实用性

乡村教育有着多种多样的功能,如传承民族文化的功能、普及科学知识的功能等。这一功能是乡村教育发展之初就有的,对于整个人类社会的发展起着重要的作用。但对于一般的乡村居民而言,乡村教育的这一功能并没有得到很好的彰显,他们更加注重乡村教育的经济功能,即子女上学的主要目的在于考取好的学校,有好的出路,能改善自身的生活质量等。这在一定程度上表明了村民们对科学技术知识的渴求,同时也反映出乡村教育功能的实效性特点,因此说实用性是乡村教育的一个重要特征。

我国是一个人口大国,其中农村人口占据非常大的比例,因此,重视乡村教育的改革与发展非常重要。与城市中的家庭子女相比,农村中接受高等教育的学生要处于一个较为落后的局面。很多农村学生在接受完九年义务教育后选择务农或进城打工。针对这一情况,乡村教育部门应认真细致地研究教育的模式,大力培养实用性的农村人才,解决农村学生"升学无望,就业无路,致富无术"的问题。因此乡村教育要高度重视教育的实用性特点,这样才能提高乡村教育的质量,促进乡村教育的发展。

### (二)乡村教育文化的多元性

我国是一个多民族的国家,历经各个时期的发展,中华民族形成了无比灿烂的文化,而我国的乡村教育文化就属于中华民族文化的重要内容和组成部分。教育与文化之间的关系非常密切,二者相互交融,共同发展。一方面教育能够传承和创新文化,促使文化代代相承;另一方面,文化又在一定程度上制约着教育的发展走向,促使教育向着符合时下文化思潮的方向发展。

教育文化的多元性取决于文化的多元性。我国的传统文化是以儒家文化为主体,但同时也融合佛、道文化的内容。我国社会主义文化是以提高人民大众文化水平为目的的、民族的、科学的、大众的文化。在遵循社会主义文化要求的同时,还必须审慎地对待各民族文化的特点和各地城乡文化的差异。除此之外,教育者还要学会新技术的利用,加强教育创新,做好各民族文化的改造与发展。这样我国的乡村教育才能从中散发出迷人的魅力。

（三）乡村教育地位的基础性

乡村教育还具有地位基础性的特点,这一特点主要从以下三方面得到体现。

第一,我国乡村教育层次较低,即九年义务教育阶段的教育,在这一阶段,农村学生接受学校的教育,村民们也能从中受到一定的文化启蒙。

第二,我国是一个人口大国,也是一个农业大国,乡村人口在全国人口中占有很大比例,因此加强乡村人口的素质教育非常重要。据粗略统计,我国有一半常住人口在乡村,他们主要接受乡村学校教育。因此,可以说我国乡村教育的发展非常重要,我们要结合时代发展的形势,不断加强乡村教育的改革与发展,促进乡村居民文化素质的发展和提高。

第三,我国地域辽阔,人口众多,乡村可以说是一种永久的存在形式,乡村教育在我国社会主义现代化建设中发挥着非常重要的作用。我国地广人多,有很多边疆地区,这些地区的地理位置比较特殊,存在着大量的乡村,某种意义上而言,这些地区的村民就是站在"固疆守土"第一线的战士,因此,加强他们的素质教育非常重要,这些边疆地区的乡村教育因此也具有了国防教育的性质。这也是我国乡村教育基础性作用的一个重要体现。

（四）乡村教育形式的多样性

乡村教育还具有多样性。伴随着时代的不断发展,目前我国乡村经济结构正在由单一的、粗放型的传统小农经济结构与形式转向多元的、科学型的现代大农业经济结构与形式。在当前社会背景下,乡镇工业逐渐崛起,农业生产方式得到了极大的转变,科技含量大大提升。在这样的情况下,我国的乡村社会结构也发生了重大变化,农民的身份不再单一,他们成为亦农亦工亦商的现代农民,这是时代发展的必然和表现。

伴随着乡村社会的不断发展,乡村教育的形式也日新月异。除了最初的一些普通性质的基础教育外,各种专业性质的职业教育和成人教育近些年来也大量涌现出来。按不同的标准进行划分和归类,乡村教育呈现出多样化的特点与内涵(表 2-1)。

表 2-1 我国乡村教育的形式与内容

| 分类依据 | 内容 |
|---|---|
| 文化层次 | 扫盲教育、初等教育、中等教育等 |
| 教育空间 | 学校教育、家庭教育和文化教育机构的社会教育等 |
| 教育时间 | 全日制学校、业余学校、短期训练学校和夜校等 |
| 教学组织形式 | 函授、广播电视学校、自学等形式等 |
| 教育模式 | 农科教结合模式、乡村社区教育模式、企业教育模式、普教、职教、成教结合模式、厂校、企业联合模式等 |
| 办学体制 | 公办、民办、中外合资办学等 |

表 2-1 体现了我国乡村教育形式的丰富性与多样性特点,伴随着现代社会和乡村经济的日益发展,乡村教育的这一多样性会更加丰富,乡村教育在我国社会主义现代化建设中也必将发挥极为关键的作用。

# 第二节 乡村教育的目的与意义

## 一、乡村教育的目的

### (一)乡村教育目的的演变

不同国家、民族和地区由于政治背景、经济水平、文化风格等存在差异,因此各国、各民族和各地区的乡村教育的目的也存在差异,主要表现为目的侧重点的差异。乡村教育的目的随着国家的发展而不断演进,大体上经历了下列三个发展阶段。

1. 以服务政治为目的（第一阶段）

西方发达国家乡村教育发展早期，为了使国家政治更加稳固，国民素质得到提高，在全国范围内大力推动义务教育的普及，乡村集聚了大量的人口，也同样推行义务教育，并以服务政治为目的。

2. 以服务经济为目的（第二阶段）

随着人们认知水平的提升和实践经验的丰富，关于乡村教育的研究也不断深入，从单纯研究乡村教育的教育价值向研究教育的经济价值不断深化，并提出乡村教育对促进乡村经济发展的重要意义。基于对乡村教育经济价值的深入认识，乡村职业教育得到重视，乡村职业教育在基本文化学科的基础上融入满足生产需要的教育内容，对乡村职业培训给予高度重视，从而提升了农民的文化水平和农业实践操作技能水平，进而促进了农业经济的发展。为了更好地发挥乡村教育的经济价值，使其为国家经济发展做出巨大贡献，一些发展中国家建立了乡村综合教育基地，将乡村义务教育与职业技术教育有机整合，从而更好地促进经济的发展。

3. 以服务乡村发展为目的（第三阶段）

20世纪90年代开始，世界各国的乡村经济逐渐发展起来，但随之而来的是乡村生态环境遭到严重破坏，在这一背景下，乡村教育促进乡村社会可持续发展的价值被挖掘和重视，乡村教育逐步由服务经济向服务乡村发展为目的，这里的乡村社会发展不仅指乡村社会经济发展，也指改善乡村人口的生活环境和生活质量。

（二）乡村教育目的的功能

教育目的具有重要的导向功能、教育功能、社会功能和评价功能，乡村教育目的作为教育目的的组成部分之一，同样具有这些功能。

1. 导向功能

一切乡村教育工作都要以乡村教育的目的为出发点，并最终指向教育目的的实现。明确而适宜的乡村教育目的对乡村基础教育、职业教育、成人教育等教育活动的开展，尤其是学校基础教育课程的设置具有重要的导向意义。学校从乡村教育目的出发而开展教学工作,在乡村教育目的的指导下对学校全局工作展开调控。

## 2. 教育功能

乡村教育的目的具有重要的教育作用,不仅是对受教育者有教育意义,对教育者同样有教育价值。乡村教育的目的是明确指出乡村教育的方向,使乡村教育沿着正确的方向不断发展,使受教育者逐渐达到教育目的中提出的"做人标准",并使教育者和受教育者树立宏伟理想,立志报效祖国,回报社会。

## 3. 社会功能

在我国教育目的的影响下,乡村教育目的不仅对人才培养的标准做了规定,同时对培养对象将来的服务对象和服务方向做了明确,使乡村教育的广大对象立志将来投身于乡村社会建设,建设家乡,保护家乡,为家乡人民而服务。

## 4. 评价功能

任何教育形式的教育目的都具有评价功能,乡村教育目的自然也不例外。有很多标准可以用来对乡村教育工作质量进行衡量,但有一条标准是必不可少的,即教育目的中提出的关于人才培养的规格是否一一达到。对乡村教育的特色进行评价时也要参照乡村教育的目的。

### (三)乡村教育目的的构建

#### 1. 乡村教育目的以人的发展为旨归

教育目的有两种层次类型,一是个人本位,二是社会本位。发展人的个性是个人本位下教育目的的重要主张;为社会发展服务,促进社会进步是社会本位下教育目的的重要主张。随着全球教育的不断发展,这两种层次的教育目的渐渐走向融合,因为社会的进步与发展离不开无数个体的推动,而推动社会发展的人应该是符合社会需求的新型人才,既具备专业知识和专业技能,又具备实践能力和创新能力。所以说,根本上而言,教育的目的终究以人的培养与发展为旨归。因此说,我们判断乡村教育目的的实现情况,最终要以受教育者的发展为落脚点,为推动受教育者在乡村教育中实现全面发展,必须坚持科学指导思想,即"以人为本"和"全面发展"。

（1）"以人为本"指导思想

在乡村教育中坚持以人为本的指导思想,就是要结合受教育者的乡村生活而进行教育,使受教育者深刻认识到乡村教育就是为自己开展的教育,通过乡村教育而提升受教育者的文化素质与生存技能,使受教育者的精神世界更加丰富,综合素质得到提升。这才是以人为本思想在乡村教育中的真正贯彻落实。

乡村教育在以人为本指导思想下应强调教育的人性化、生命化,克服传统教育异化和物化的弊端,不再将乡村教育当作工具,而是对乡村教育本身存在的价值进行探索,将功利化内容去除,留下本真的内容,通过实施这些教育内容而促进受教育者的发展。在人本主义视角下进行乡村教育改革和教育实验,应对乡村生命价值予以尊重,遵循乡村生活规律,突出乡村教育的人性化和个性化,使乡村受教育者看到自己的价值,明确自己的未来目标,最终实现自我发展价值。

（2）"全面发展"指导思想

在不同历史时期,因为社会条件的不同,人的全面发展的内涵和层次也各有差异,但不管我们在不同的历史时期如何理解全面发展,"不断追求自身的完善"作为全面发展的实质是始终不变的。全面发展中的全面并非绝对的概念,而是相对概念,主要指的是人发展的自主性、多元性和各种可能性。我国教育事业的发展一直都以马克思主义的全面发展学说为指导思想。在全面发展观下,我们将人的全面发展的内容概括为五个方面,分别是德、智、体、美、劳,并围绕这五个方面展开全面教育。全面发展学说对乡村教育也具有重要指导意义,我们在全面发展视角下开展乡村教育工作,但因为乡村教育之前很长一段时间被作为功利主义的工具,而且受到城市中心主义的影响,所以我们只是机械或片面地理解乡村教育目的的全面发展,并没有真正做到包含德、智、体、美、劳在内的全面教育,这就导致乡村受教育者的发展不仅不完整,而且还千篇一律。

需要强调的是,乡村社会在不断进步,乡村教育也在不断发展,不同历史时期的乡村社会实际和乡村人对教育的需求是存在差异的,因此我们必须随着乡村社会的演进而不断更新乡村教育目的中的全面发展的内涵,立足现实而重新审视乡村教育目的中的全面发展,同时要始终坚持人的全面发展的本质来努力促进各个历史时期乡村人的全面发展。

2. 乡村教育目的服务于乡村发展

在中国特色小康社会的全面建设进程中，我国高度关注"三农"问题，与"三农"问题息息相关的乡村教育问题也受到普遍关注。乡村教育问题中有一个"离农"教育的问题，即为培养高水平技术人才，以城市为中心，培养离开乡村进入城市，融入城市主流文化的人才，而不是培养回归乡土文化的人才。"离农"教育为乡村学生涌入城市接受城市教育而提供了可能性，最终导致乡村地区人力资源严重缺乏，加剧城乡不平等。"离农"教育也导致乡村教育与乡村社会渐行渐远，最终对乡村的发展造成阻碍。

除了"离农"教育的问题，乡村教育中还存在一个"为农"教育的问题，即让乡村学生扎根乡村，将来为促进乡村建设和乡村社会发展而服务。但是我国乡村家庭基本都希望孩子们能够走出乡村，在城市扎根，因此使"离农"和"为农"成为城乡二元结构下的一对矛盾。

如果从乡村社会自身的发展来看，乡村教育倡导的是"为农"，强调乡村教育的目的为乡村社会建设与发展而服务，缩小城乡教育差距，并以教育为突破口而将城乡二元对立结构打破。所以要对合理的、服务于乡村社会发展的乡村教育目的进行制定，具体从以下两方面来分析。

（1）建立为乡村培养实用性人才的目标

教育目的对教育活动的开展有导向作用，这个导向作用具体体现在促进受教育者知识和技能提升、综合素质提升、生活改善以及自我发展等方面。在"离农""为农"的矛盾中，我们应尊重受教育者选择的自由，在此基础上对个体与社会的关系进行协调，促进个体发展和社会和谐。但鉴于乡村教育的特殊性，我们发展乡村教育，必须面向世界和未来，将城市与乡村的需求兼顾起来，使乡村教育在相对稳定的基础上保持适度灵活，并以此为基础对乡村教育中不符合实际的办学目标进行改革，培养能够使乡村发展需求得到满足的人才，体现乡村教育对乡村社会发展的高度负责。

乡村社会的发展离不开乡村人才，更离不开创新型人才，即掌握了先进知识和先进技能的新型人才。因此，设定乡村教育的目的，必须对乡土教育资源加以整合，对创新型乡村人才进行培养。现代社会科技高速发展，传统农耕方式难以使现在的生产需求得到满足，因此必须在新时代背景下对新型农民进行培养,这是制定乡村教育目的要考虑的重要方面。结合我国教育体制而对乡村教育进行改革时,必须加强对乡村教育资源的开发利用,在这个重要的支撑条件下推动农民发展,使其掌握现代农业生产技术,提高农业生产率,促进乡村经济发展。

（2）构建以乡村教师为主导的情感教育空间

乡村教师是乡村社会中的重要知识分子,这个群体以教书育人为职业,以脑力劳动为主要劳动方式,以满足精神需求和实现个人价值为目的,是乡村社会中进行文化传递、建构及创造的重要力量。对科学文化知识的传播及对乡村受教育者智力的培养是乡村教师的主要职责,他们是社会良知的代表。乡村教师的作用不只是教书育人,还能重塑乡村精神,优化乡村风气,营造和谐的乡村环境。乡村教师大都有在城市接受高等教育、培训或生活的经历,他们思维敏捷,见多识广,而且在乡村有了生活经历和经验后,对乡村社会和乡民的了解较为全面、真实,与乡村社会建立了稳固的情感关系。拥有乡村情感的乡村教师能够在乡村教育中发现受教育者乡村情感缺失的问题,并通过情感教育而使广大乡民热爱乡村,努力学习,将来为建设自己的家乡做贡献。

## 二、乡村教育的意义

在中国特色社会主义建设中,"三农"问题作为重要课题受到了高度重视,在新时代开展乡村工作,要全面重视三农问题及与之密切联系的乡村教育问题,从而为新农村建设提供重要支撑。在新时期关注乡村教育,进行乡村教育改革与创新,不但能够使城乡教育不平衡的现状得到缓解,还能使乡村人民日益增长的美好生活需要得到满足。乡村振兴和社会主义新农村建设也在客观上对乡村教育提出了新的要求,而且乡村主体性的复归、"现代意义"转型的实现都离不开乡村教育。因此从多个方面来看,乡村教育都具有重要意义。下面主要从三个方面来分析新时期乡村教育的重要意义。

（一）建构乡土知识

在乡村振兴战略背景下,在乡村基础教育和其他教育的多维协同下,以促进乡村人力、社会及文化等资本的优化与提升为主要目标,以乡土生活常识、学科知识、就业技能、职业技术为重要内容,以乡村义务教育、普高教育和职业教育等教育体系为主要依托,通过课堂教学、远程教学、定制教学、模拟教学、实训演练而促成了乡土知识生产和实践空间的建构。[①]下面从两个方面进行分析。

第一,乡村教育通过社区教育的主体嵌入、乡土资源的内容纳入、乡土技艺的意义重构,建构了乡土技术知识生产场景与实践空间,以及乡土技术知识生产—消费—再生产的链条,使乡土技术知识生产区间得到有效延展,促进了乡土技术知识的"再生产"。

第二,乡村教育通过乡土文化场景的"设置"、乡土文化实践的推进、乡土伦理秩序的文化释义、乡土风俗习惯的时代赋意而建构了乡土文化知识生产场景与实践空间,促进了乡村文化保护与开发、乡村风俗习惯的内化与传承,推动了乡土文化知识的"再生产"。

（二）激发乡土情怀

乡村教育不仅有建构乡土知识的重要意义,还有激发乡土情怀的情感层面的深层意义。在学校教育、家庭教育和社区教育的协同下,依托新媒体技术,以增进情感为主要目标,以乡土历史、乡土人文、乡土民俗为重要内容,通过人文课堂、民俗活动、社区共育促成乡土情感空间的建构。乡镇政府和乡村学校紧密协同,通过在"历史场景"中开展情景教学,有效发挥乡土文化的感染力,建构了乡土文化符号表达空间,催化受教者对乡土文化的认同感、归属感。同时,通过构建政府、学校、社区、教育公益组织多主体协同的乡村家庭教育支持体系、教育监护体系（以乡村学校为中心）,由社区与教育公益组织开展乡村"社区共育"活动,有效填补了乡村家庭教育的主体"缺失",重构了乡村儿童的"家庭"情感空间。

（三）健全乡土制度

乡村教育具有健全乡村社会制度的重要意义。通过教育实践、主体纳入、关系重构、空间嵌入,促成了乡土制度的（再）生产和制度空间的（再）建构。乡村教育通过完善自主管理、民主监督、社会参与的现代学校制度,健全以政府、社会、社区、学校、家庭五方联动为基础的校委会

---

① 王巍,曾芙蓉.新时代乡村教育的意义旨趣——基于生产逻辑的审视[J].湖南第一师范学院学报,2020,20（5）：46-50.

制度,建立教代会制度和家校协同管理制度,健全教育督导制度和监督制约制度,建立教学评估和考核制度,完善乡村教育发展制度,构造了乡村教育管理和教育发展制度体系,完善了乡村教育管理和教育发展制度,促进了乡村教育管理水平和乡村教育治理能力的提升。①

# 第三节　乡村教育的价值取向

## 一、乡村教育的价值取向及其时代境遇

### (一)乡村教育价值取向的解释

#### 1.概念

乡村教育价值取向是指乡村教育活动主体从自身教育价值观出发,在面对或处理与乡村教育活动有关的矛盾、冲突、关系时秉持的基本价值倾向。这些矛盾、冲突、关系等是与乡村教育主体、主体的不同方面及不同时间在有关乡村教育的需求及目的、所面临的条件及环境方面所存在的综合性联系。②

#### 2.特点

主体性、稳定性、制约性是乡村教育价值取向的基本特征。除此之外,乡村教育价值取向还有典型性特征,这主要表现在乡村教育的特定教育对象上。

#### 3.作用

乡村教育价值取向的主要作用在于,对乡村教育活动主体进行正确的价值选择而予以引导,为乡村教育活动主体参与乡村教育的所有相关活动而提供科学指导。

① 王巍,曾芙蓉.新时代乡村教育的意义旨趣——基于生产逻辑的审视[J].湖南第一师范学院学报,2020,20(5):46-50.
② 李森,崔友兴.社会变迁中的乡村教育[M].福州:福建教育出版社,2017:56.

（二）乡村教育价值取向的时代境遇

乡村教育价值取向是一种教育价值观，得到了社会大多数人的认可，具有自身的优势和特点，能够将时代进步和社会发展的基本情况反映出来。不管在什么历史时期和社会背景下，乡村教育都需要在乡村教育价值取向的引导下走向未来。所以一般要基于对乡村教育发展的社会条件与时代背景的正确理解来进行乡村教育价值取向的分析与研究，如此能够对乡村教育价值取向的走向有真实而确切的判断。在国家现代化、新型城镇化、人类全面发展等现实背景下，乡村教育价值取向要对这些现实问题与现实需求全方位关注，并基于此而引领乡村教育向前发展，进而使这些现实需要得到满足，推动国家、社会、人类的可持续发展。

现代化是中国近代以来的历史主题，是我国不断追求的伟大理想，中国现代化发展离不开教育这股基本力量的推动。当前我国现代化发展处于重要转型期，即两次现代化发展叠加，在还未彻底实现工业时代（第一次现代化）的同时迎来了知识时代（第二次现代化），国家经济出现工业经济、知识经济并存的现象。在这一特殊的历史时期，乡村教育价值取向要引导乡村教育同时为这两种现代化而服务。中国现代化进程使乡村教育价值取向适应工业化、城市化的发展需求，促进农村现代化。此外，随着人的现代化及人类精神文明的发展，教育改革不断朝发现人、解放人的目标前进，在这种新的诉求与趋势之下，乡村教育价值取向需要回归乡土，赋予村民乡土气息，引导村民认同乡村文化，进而鼓励村民为乡村建设而服务。

## 二、乡村教育的主要价值取向

（一）国家层面的价值取向——新型城镇化价值取向

所谓新型城镇化，是一种包含大中小城市、小城镇以及新型农村社区在内的各方，共同协调发展的城镇化，其主要特征表现为城乡一体、节约集约、产业互动、城乡统筹、生态宜居、和谐发展等。

这里所说的"新"，体现在从对城市空间和规模进行扩张和扩大的片面追求，逐渐过渡到向全面提升乡村和城市的公共服务、文化品位等，从而促使乡村和城市逐渐提升为具有较高品质适合人们居住的场所。

新型城镇化是一种逐渐实现社会信息化、区域城镇化、新型工业化和农业现代化的循序渐进的发育过程。其核心就是着眼于农民,关注农村,致力于实现城乡公共服务和基础设施均等化和一体化,从而更好地促进城乡经济社会得到和谐、繁荣发展,最终实现城乡共同富裕的目标,它不以牺牲环境和生态、粮食和农业为代价。

从上可知,新型城镇化就是通过将资源进行有机组合和相对集约,从而促使乡村和城市的内涵得到提升,以实现城市和乡村社会经济一体化,更好地引导城市和乡村社会经济得以全面、健康、可持续发展。从这一层面来看,乡村教育所应具有的价值取向需要进行以下调整。

### 1. 始终秉持新型城镇化所孕育的精神和内涵

在过去,二元思维,即非此即彼的思维方式,在乡村教育价值取向中体现得淋漓尽致,这导致其在"城市中心"和"农村中心"之间摇摆不定。此外,在以城市为中心的城本主义和以农村为中心的农本主义的影响下,使得乡村教育价值取向基于城本主义和农本主义在价值选择上出现了矛盾,也就是说,乡村教育以农本主义为基础来谋求发展,但在其具体的发展目标中却站在城本主义一方。因而,乡村教育价值取向需要在新型城镇化的引领之下,回归到基于农本主义和服务于农本主义的立场,促进乡村儿童的健康发展。

### 2. 要重视兴农

在新型城镇化中,新型农村社区建设以及小城镇的培育是其着重强调的,要关注农民,关注农村,实现"三农"现代化。这说明,促进乡村振兴、健康可持续发展,以为城乡和谐发展服务,是乡村教育价值取向的重要体现。

### (二)社会层面的价值取向——社会发展价值取向

就目前来看,导致乡村村民远离乡土的根本原因,就是原有的乡村社会已经无法对其产生吸引力。由于受到工业文明的强烈冲击,乡村社会所建立起来的农业文明已逐渐丧失其所具有的社会竞争力,原有的乡村社会文化、经济、政治等在工业文明的冲击下解构,但在工业文明背景下新的农业文明的再生尚没有完成。这就造成了乡村社会无法像城市社会那样能够提供给村民更多的机会,为了更好地生存和发展,越来越多的村民开始远离乡土到城市打拼。由此可以看出,从某种程度上来说,乡村社会只是给村民提供了能够留下来的可能性,只有乡村社会获得较好发展,村民才真正愿意留下来,甚至可以让那些已经远离乡土的村民重新回到乡村发展。

社会主义新农村建设要求乡村社会要实现乡风文明、生活宽裕、管理民主、生产发展和村容整洁,这就需要乡村教育要在其中积极发挥其作用,从文化、政治、经济等方面来促使乡村社会获得更好发展。

第一,乡村中小学要对学校周围以及乡村所拥有的课程资源进行积极挖掘,从而构建起社区和学校共同进步的教育模式,从而促使社会经济得以更好发展。

第二,对于乡村发展来说,教师在乡村文化、政治生活中扮演着极其重要的角色。这就需要乡村教师能够积极走出校园,带领学生为乡村社区提供力所能及的服务,从而在弘扬乡土文化、推进乡村民主、纯化乡风民俗等方面做出应有贡献。

第三,结合乡村发展的具体实际情况,来对乡村职业教育学校和农民教育机构进行建设,对农民开展生活技能、生产技能等方面的服务。

（三）育人层面的价值取向——公民价值取向

目前,城乡发展存在较大的差距,这种差距还会长期存在。在乡村出生、成长并接受乡村教育的儿童,往往带有天然的乡村气息和属性。在不断地摆脱乡村、走向城市的过程中,对于自己身上的乡村气息,乡村儿童通常采用回避的态度,甚至刻意回避自己是村民的身份,通过追求城市生活和城市风尚来对自己进行改造,使自己拥有城市居民身份。但是,在公民社会里,市民和村民都是公民,都是社会中平等的一员,可以依据自己的需求对城市生活和乡村生活进行自由选择。社会主义新农村建设要求乡村要从村民组织转变为农村社区,使乡村从落后的状态转变为适合村民生活居住的美丽的乡村,这些都使得乡村生活在一定程度上得到了很好的体现。积极倡导村民与市民均作为国家公民是平等的理念,这就对乡村教育提出了要求,其应站在国家公民的角度上来对乡村儿童进行教育,使他们具有良好的公民素养和意识。

通过接受乡村教育,乡村儿童应正确认识和理解乡村是一种独特的自然存在,从国家的角度来看,乡村和城市居于同等重要地位,村民是国家公民的重要组成部分,同时也是不可或缺的一部分。为此,乡村学校课程知识需要更多地纳入乡村知识和乡村文化,像城市知识和城市文化一样赋予它们同等重要的生活意义。要重构与城市文化和知识相关的学科课程,使其符合乡村儿童的学习习惯和认知特征,帮助乡村儿童站在乡村生活的基础上更好地理解世界。

通过接受乡村教育,乡村儿童应具备作为一名合格的好公民所应具备的基本素养,这主要包括道德素养、法律素养和知识文化素养等。特别是要帮助乡村儿童对乡村的发展历史、文化传统以及风土人情等有一个深入理解,根据国家公民基本素养相关要求,使乡村儿童培养具备适应乡村生活的公民素养。

### 三、乡村教育价值取向的实现路径

#### (一)对乡村教育价值取向的系统功能予以明晰

在社会现代化进程中,乡村为城市发展输送了大量的人力资源,在发展方面,乡村也在一定程度上复制城市发展模式,乡村农业现代化在一定程度上被城市工业现代化所遮藏。在此影响下,乡村教育有了更加明显的城市化取向,因此需要对乡村教育价值取向的系统功能予以明确。

##### 1.明确价值取向上的引领性

国家根据整体的发展需要对乡村教育提出了具体的价值诉求,这对乡村教育价值取向系统来说,具有引领性。乡村教育唯一的价值取向,要对国家现代化、国家安全、新型城镇化等方面的具体要求进行系统考虑。

##### 2.巩固社会层面价值取向的发展性

由于乡村教育越来越倾向于城市教育,其已经与乡村社会相脱离,这使得在乡村社会发展方面乡村教育所具有的促进功能和作用变得越来越弱。所以,乡村教育价值取向应使乡村教育逐渐回归到乡村社会,使乡村教育为乡村社会的健康、快速、可持续发展提供服务。

##### 3.强化育人层面价值取向的核心性

对于乡村教育来说,其价值核心就是要为生长和生活在乡村的儿童提供适宜的教育,帮助儿童得到健康、和谐发展。

### (二)促进乡村教育价值取向在科学水平上的提升

从一定程度上来说,乡村教育价值取向在合规律性与合目的性方面的统一,决定了其能够在乡村教育发展方面发挥有效的引领作用。

乡村教育价值取向的合规律性,就是通过客体主体化的过程,将乡村教育主体的总体需求与乡村教育的客观属性体系连接起来,一方面要反映乡村教育的总体需求是合理的,同时也要详细阐明在特定程度上乡村教育的客观属性体系能够使这种总体需求得到满足。

乡村教育价值取向的合目的性,表明在乡村教育的需求上,乡村儿童和社会、国家等核心主体是存在不同的,有时还会存在冲突,强化国家对乡村教育需求的引领性,夯实乡村儿童对乡村教育需求的根本性,发挥乡村社会对乡村教育需求的促进性,将国家、乡村儿童、乡村社会三类主体对乡村教育的具体需求进行整合,进而对乡村教育形成总体需求。乡村教育促进国家进步、乡村社会发展的外在属性和乡村教育发展、乡村儿童健全成长的内在属性,这两个属性是乡村教育的客观属性,将二者进行有机整合,从而形成乡村教育的客观属性体系。

### (三)对乡村教育价值取向的合理范围加以设定

从某种角度来看,乡村教育价值取向代表了相应时期内人们对乡村教育所提出的具体诉求,能够促使乡村教育向着美好、理想的方向发展。但要想实现乡村教育价值,必须要坚持理想追求和现实条件的统一,不能与现实相脱离。这使得乡村教育价值取向的产生、作用、效果等需要基于乡村教育主体的生存发展需求、现实境遇、历史传统等。例如,乡村文化传统、乡村社会发展水平、村民对乡村教育的支持与认识等都会对乡村教育价值取向的具体落实产生影响。从实质上来看,这种情况对特定时期乡村教育主体的总体需求和获得乡村教育的客观属性体系的满意程度进行了调整。

# 第四节　中国乡村教育发展的历程

我国乡村教育有着悠久的历史,起源可以追溯到奴隶社会。在漫长的原始社会里,劳动生产力低下,人类社会的组织较为简单,所谓的"教育"是和整个人类社会的生产和生活结合在一起的。随着社会生产力的提高和劳动工具的改进,人类的生存环境得到了极大的改善,在这样的形势下,教育也得以进一步发展。在原始社会时期,城市还没有出现,也没有"乡村教育"一词,乡村教育与城市教育都是伴随着时代的进步和发展而出现的。

## 一、古代乡村教育的发展历程

上面已经提到,乡村教育的起源可以追溯至奴隶社会,虽然那时候没有"乡村教育"一词,但最初的教育与人们的日常生活有着极为密切的联系。在漫长的原始社会里,生产力水平低下,人类社会组织比较简单,城市还没有出现,教育是和整个人类社会的生产和生活结合在一起的,没有城市教育与乡村教育之别。传说中的伏羲、神农、黄帝、尧、舜等都亲自教人如何劳动和生存。随着生产工具的改进,生产力水平的提高,人类生存环境有所改善,并逐渐进入了牧猎—农耕时代,教育也有了相应的发展,这时的教育可以说是原始社会的乡村教育。因此,从这一点上可以说乡村教育的诞生应该早于城市教育。

西周以前是我国乡村教育的萌芽时期。在夏商以前,远古先民由采集经济到渔猎经济,进而到种植(农业)经济,教育也由教民"钻木取火"到"教民以猎",进而"制耒耜,教民农作",并由"结绳而治"到"易之以书契"。在夏商时代,我国不仅有了国学,而且已出现了乡学。在商代,畜牧业在经济生活中也占有重要地位,马、牛、羊、猪、犬、鸡等已俱全。从农牧业生产的状况,不难想象商代农业生产劳动教育的活跃。

西周至秦代是我国乡村教育的形成与发展时期。西周以后,随着社会经济的发展,乡村教育初具雏形。春秋战国时期,私学兴起是当时教育领域的新现象。随着私学的兴起，出现了儒、墨、道、法、名、农诸家，各家各派都办有私学，聚徒讲学。农家许行有"徒数十人"。各家讲学内容各不相同，有的会讲授一些耕战之类的知识。秦汉至宋代是我国古代乡村教育的确立与巩固时期。秦汉时期官私并设的乡村教育体系的出现标志着我国古代乡村教育的确立。秦统一后，在乡设三老，以掌教化，"三老掌教化，凡有孝子顺孙、贞女义妇、让财救患及学士为民法式者，皆扁表其门，以兴善行"，两汉时期官私并立的乡村教育体系正式确立。汉代的乡、州设立的官学分别叫庠、序，庠、序各置《孝经》师一人，乡的《孝经》师隶属于司隶校尉。同时，还设乡三老对人民进行教化，灌输封建道德。

汉代家学也很盛行，其所教内容十分广泛，程度也高低不一。有的只是启蒙教育；有的在父辈指导下，与诸兄弟一起诵读一般经书。家学中不仅传授知识、技能，而且讲究治学态度和方法，尤其重视为人处世、待人接物等伦理道德教育。三国时魏国有官立乡学。

三国时期的私学规模比较小，教授的内容主要是儒家经学。西晋的地方官学有乡校等乡村学校。两晋的乡村私学也有很多，设立私学者多是当时学术上很有造诣的学者。

南北朝时期，私学相当发达，许多著名学者纷纷创立私学。如，南朝的沈道虔，"少仁爱，好《老》《易》，居县北石山下。乡里少年相率受学，道虔常无食，无以立学徒"。北朝的李铉，"年二十七，归养二亲，因教授乡里，生徒恒数百人，燕赵间能言经者，多出其门"。唐高祖武德七年下诏兴学，令"吏民子弟有识性明敏，志希学艺，亦具名申送，量其差品并即配学，州县及乡各令置学"。唐代一些名流学者，涉猎经史，远离官场，开设学馆，从事著述和讲学活动。如王恭，"少好学，博学《六经》。每于乡里教授，弟子自远方至数百人"。自此，我国古代乡村教育官学与私学相互补充，形成了较完整的乡村教育体制。隋唐以后，随着我国封建社会的发展与繁荣，乡村教育也更趋完备。

从宋代开始直到明清，是古代乡村教育的发展时期，但随着中国封建制度的逐步衰落和瓦解，古代乡村教育也随之由盛转衰。这一时期的乡村教育，一方面积极维护社会的稳定，另一方面十分注重劝导生产。无论是乡学、私学，还是社学、庙学、义学等，都极力宣传封建伦常礼教，培养顺民，并出现了一些"乡约""宗规""家规""家训"以及一些有关农业生产方面的书籍。

元代开办乡村教育的一个重要措施是创立了社学。至元七年,元政府下令在全国立社。辽、金、元时私学形式多样。这一时期的乡村教育在宋代奠定的基础上,进一步制度化,诸如"庙学"被广为提倡,庙学专门宣传儒家的基本道德伦理学说,在民间产生了相当大的道德和礼法教育的影响,促进了社会稳定。明朝建立后,明太祖在洪武八年诏令天下立社学,"乡社之民未睹教化,有司其更置社学,延师儒以教民间子弟,导民善俗,称朕意焉"。于是,每五十家设社学一处。明初社学主要由各级地方官吏兴办。明朝还有一些乡校、村学、义学、家塾以及私设的经馆和书院,这些学校对于善乡俗、育人才以及教育普及也起了一定的作用。清初沿袭明制,设有社学。后来,义学取代社学成为乡村主要的教学形式。义学,是明清时期为民间孤寒子弟而设立的教育机构。清代的义学是从旗人子弟和边省地区义学发起的,乾隆以后内地亦广泛设置义学,直至清末,义学一直为清代乡村蒙学的重要组成部分。清代的私学教育,也非常兴旺。尤其是私塾在民间广泛设立。到清朝末年,随着近代新式学堂的建立,古代农村教育形式逐渐瓦解。

我国古代乡村教育经历了形成、确立、发展直至瓦解的发展历程。在这一过程中,乡村教育的规模不断扩大,内容不断丰富,形式逐渐多样,制度不断完善,取得了一定的成绩。但古代的乡村教育仍然比较落后,广大农民受教育的权利还十分有限,他们所受到的教育大多是社会伦理道德教化以及关于生产生活的基本知识。

### 二、近现代乡村教育的发展历程

1901 年清政府开始实行"新政",1902 年颁布了第一部具有近代资本主义教育性质的学制《钦定学堂章程》,但没施行。1903 又颁布《奏定学堂章程》,规定每四百家应设初等小学校一所,并开始在全国实行四年制义务教育。此外,还开设了初等农业学堂、中等农业学堂、高等农业学堂以及农业教员讲习所等。这两个章程既是近代资本主义学校教育体系建立的标志,也是古代乡村教育向近现代乡村教育过渡的重要标志。

近代乡村教育思潮和运动,在中国乡村教育史上有着重要的影响。它产生于多灾多难的中华民国初期,即北洋军阀统治后期,蹒跚发展于危难丛生的中华民国中期(1927—1937),转轨于抗日战争和解放战争时期(1937—1948),最终融入新民主主义教育之中。

中国现代乡村教育,是伴随着中国政治革命以及近代乡村社会的改造而形成的。在这一过程中,主要推动者当是中国共产党。因此,考察近代乡村教育的生成与发展,必然要从中国共产党领导的乡村教育谈起。中国共产党领导的乡村教育,发端于革命根据地教育,是在战争环境中逐渐发展起来的。中国共产党创立之后,共产党员在开展农民运动的过程中,创办农村小学,通过农民学文化的过程,传播革命思想。共产党员在领导农民运动的实践中在家乡创办农民夜校,组织农民协会。国共合作破裂后,共产党人在全国展开了武装斗争,建立农村革命根据地。在党的导下,农村教育进入了一个新时期。各革命根据地以面向劳苦大众,为土地革命战争、社会解放服务,教育与生产劳动相联系为指导思想,在农村开展扫盲教育、职业教育、干部教育、社会教育,并开始对根据地旧私塾进行改革,使其成为国家小学的重要组成部分,为新中国建立后乡村教育的改造与现代教育的生成开辟了道路。革命根据地教育以革命政治教育为主轴,对农民进行思想政治教育、阶级教育,教育农民积极参加革命,革命教育是当时农村教育的主要内容。革命根据地教育的开展途径灵活多样,采取多种方式对广大农民及其子女进行教育。

### 三、当代乡村教育的发展历程

1949年中华人民共和国建立后,全国教育事业百废待兴,当时全国大学、中学、小学总共只有35万余所,学生2577万余人,全国80%以上的人是文盲,乡村地区文盲的比重更大。因此,发展乡村教育是重中之重,在中国共产党的领导下,我国乡村教育进入了新的发展时期。

1950年9月20日,第一次全国工农教育会议在北京召开,会议修订通过了《工农速成中学暂行实施办法》,并通过了《关于开展农民业余教育的指示》,决定通过多种形式发展乡村教育。这次会议标志着中国现代乡村教育的全面开始。此后,各地广泛开展多种形式的乡村教育,工农速成中学、农民业余学校、农业中学、农民中等专业学校、半农和半读的高等或中等农业院校如雨后春笋般在全国涌现。应该说中华人民共和国成立初期的这一系列举措,对发展乡村教育起到了重要的作用。这一时期的乡村教育虽然主要还是一种扫盲教育和技能训练类的教育,但其对整个乡村社会经济的发展、对整个人口素质的提高起到了不可估量的作用。

新中国的乡村教育在社会主义教育方针指导下,紧紧围绕教育的政治方向、培养目标、教学内容,进行了旨在适应社会主义革命和建设需要的教育改革。1951 年后,乡村教育起起伏伏,并一度陷入困境。1961 年提出"八字"方针,为改变教育和国民经济不相适应的状况,调整教育事业,缩小教育规模,提高教育质量,协调教育内部各种关系,使乡村教育重新走上了正轨。但好景不长,几年后乡村教育又陷入到了崩溃的边缘。

1978 年召开的十一届三中全会,恢复了实事求是、一切从实际出发的思想路线和政治路线。会议确定全党工作的重点转移到以经济建设为中心的社会主义现代化建设上来。1977 年 5 月,邓小平发表"尊重知识,尊重人才"的重要讲话,并开始了教育战线的拨乱反正。1983 年,邓小平发出教育要"面向现代化,面向世界,面向未来"的重要指示,确定了新时期教育改革与发展的根本指导方针。1985 年,中共中央做出《关于教育体制改革的决定》,明确基础教育实行"分级办学、分级管理"的体制,提出以国家为主体,社会、企业和个人等多渠道筹措教育经费的措施和办法。这一系列改革措施给中国乡村教育发展注入了新的活力。1986 年,《中华人民共和国义务教育法》的颁布,标志着乡村教育的发展进入了新的历史时期。1993 年中共中央发布《中国教育改革和发展纲要》,明确了到 20 世纪末中国基础教育的发展方向和基本方针。1999 年初国务院批准教育部制定的《面向 21 世纪教育振兴行动计划》,计划经济体制的教育模式开始向市场经济体制的教育模式转型。

# 第三章　乡村教育改革与发展研究

在我国全面推进科教兴国战略和人才强国战略的当下，乡村教育受到高度关注和重视。乡村教育是我国教育事业的重要组成部分，落实好乡村教育改革事宜，推动乡村教育发展，对实现乡村振兴的战略目标及提高中国教育改革成果具有重要意义。在乡村教育改革与发展中，首先要从宏观上全面了解中国乡村教育的现状、面临的困境以及存在的问题，然后基于现状而采取具有针对性的改革与发展策略。此外，还应从乡村教育改革与发展的历史经验出发总结出科学的发展规律与发展趋势，为乡村教育未来持续健康发展提供科学有效的指导。本章重点从中国乡村教育的现状、困境、问题、发展规律与趋势等几个方面出发探讨中国乡村教育的改革与发展。

## 第一节　中国乡村教育的现状分析

### 一、乡村教育与乡村振兴的互动发展

我国乡村教育的发展与乡村振兴之间存在密切的关系，下面从两个方面来分析。

（一）乡村振兴要求优先发展乡村教育

乡村振兴离不开大量的优秀人才，而培养人才则依赖教育。因此要推进乡村振兴战略的实施，就要将乡村教育置于重要位置而予以重视并优先发展。通过大力发展乡村教育，对科学知识进行传播与普及，培养优秀人才，使优秀人才在乡村建设中做出贡献。总之，乡村教育在乡村

振兴中的重要地位和作用是无可替代的。

（二）乡村教育为乡村振兴服务

乡村能否实现振兴目标，关键在于教育，因此在乡村振兴计划的实施中，要优先发展教育。如果忽视乡村教育，则不可能振兴乡村经济。青年一代直接关系着国家的前途、民族的命运，只有重视对青年人的培养，才能从根本上解决乡村发展的问题。

搞好乡村教育，培养乡村青年人才是乡村振兴的第一要务，乡村青年人才既要对优秀的乡村文化成果进行传播与传承，对乡村文明予以维护，又要主动学习与接受现代城市文化，将乡村文明与城市文明结合起来，为乡村文明注入新鲜的因素，从而提高乡村教育质量，推动乡村教育的现代化，更好地为乡村振兴而服务，早日实现乡村振兴战略的宏伟目标。

## 二、乡村教育正在全面发展

随着国家相关教育战略的实施和乡村振兴政策的推行，乡村办学的积极性大涨。和城市教育相比，乡村教育的范围明显缩小了。随着我国城市化进程的加快，乡村人口大量涌入城市，乡村教育也受到影响，表现为乡村学校以小学和初中为主，学生初中毕业后进入城市读高中。乡村教育中义务教育更受重视，因此政府对乡村教育的投资大部分用于小学和初中这两个义务教育阶段，可见在乡村教育中，九年制义务教育得到了保障。义务教育制度的实施使得乡村适龄儿童的受教育权得到保障，这也是他们必须履行的义务，义务教育政策的落实有效减轻了乡村家庭的经济负担。近年来，大学生进入乡村支教的现象越来越普遍，大学生的支教行为颇受国家支持，这一方面解决了基层教育师资缺乏的问题，提高了乡村教育质量，另一方面也使大学生的就业压力得到了一定的缓解。

随着乡村振兴计划的推进和"三支一扶"等政策的实施，每年都有很多大学毕业生去乡村从教、从医，一定程度上解决了乡村发展中的教育与医疗问题，促进了乡村人口素质和健康水平的提升。我国一些地区注重对基层人才的培养，每年会分配一定数量的教师（以年轻教师为主）进入乡村从事教育工作。年轻教师的教学思想先进，知识较为丰富，他们在乡村任教中发挥自己的作用,让乡村孩子们感受知识的力量,认识外面繁华的世界。此外,年轻教师在授课时使用标准的普通话,能用先进且有趣的教学方式传授丰富的教学内容,从而使学生在课堂上集中注意力,进而提高了乡村教学质量。

现阶段,国家对乡村教育颇为重视,不仅从师资层面提供重要的优秀人力资源,而且提供必要的资金和教育设备,从而提高乡村教育水平,使乡村教育达到素质教育的要求,缩小乡村学生与城市学生的差距,为国家培养优秀的栋梁之材。

总之,乡村教育的改革是全面的,从教育理念的转变、教育制度与政策的实施、政府提供师资和教育设备支持以及改革课程教学等都充分体现了乡村教育正在全面改革与发展。在政府与全社会的共同努力下,未来乡村教育的发展空间将会越来越大,发展水平也会越来越高。

# 第二节　中国乡村教育面临的困境与问题

## 一、中国乡村教育的现实困境

（一）乡村教育与新农村建设相脱节

### 1. 缺乏"为农服务"的意识

乡村教育具有乡村建设功能,即通过乡村教育能够促进乡村建设。乡村教育的这一功能在 20 世纪二三十年代的乡村教育活动中是广受重视的,当时开展乡村教育活动很大程度上是"为农服务"的,乡村教育在乡村建设中被放在重要的地位,受到广泛重视。中华人民共和国成立初期,乡村教育的政治功能和社会功能广受重视,但因为当时我国"重工轻农",导致农村社会发展停滞不前,受到严重创伤,可以说我国的工业化发展是以牺牲农村社会发展为代价的。

改革开放后,乡村教育的社会服务功能尤其是经济服务功能受到重视,我国积极发展乡村教育来振兴乡村经济,拉动乡村社会发展。但在城乡二元结构的影响下,城乡差距越来越明显,甚至造成了城乡对立的严重后果。我国提出社会主义新农村建设的政策与规划后,乡村教育改革有了准确的方向和侧重点,乡村教育对促进新农村建设的重要作用再次受到重视,政府强调要通过发展乡村教育而使其更好地"为农服务",但由于乡村教育发展的价值取向不明确,在发展中不管是办学理念,还是办学目标,都有城市化倾向,即以城市化教育为指向而办学,乡村教育仅仅是为了将更多的学生输送到城市,一切都向着城市化教育的方向与目标而改革乡村教育,导致乡村教育失去了自身的内涵,没有起到传播乡土文化的作用,甚至冲击了乡土文化,歪曲了乡村教育的本真价值与意义,最终使乡村教育出现边缘化倾向。因为边缘化问题的存在,乡村教育与乡村建设的结合不够紧密,乡村教育在乡村建设中没有起到应有的作用,从表面来看,新农村建设与乡村教育的关系不密切,"离农"的乡村教育在新农村建设中显得有些"格格不入"。

### 2. 乡村人才培养与需求脱节

乡村人才培养与需求相脱节是指,乡村教育培养的人才不符合乡村建设对人才的要求或不满足乡村社会发展的实际需要。

（1）无人才可用

乡村教育十分重视升学率,将提高升学率、向城市输送人才作为学校教育的主要目标。那些走出乡村,进入城市的学生在大学毕业之后普遍不愿意回到家乡,所以造成了这样一种局面,即乡村政府大力兴办学校,投入大量的资源来推动乡村教育的发展,以培养栋梁之材,但乡村人才都涌向发达的城市,存在严重的人才流失问题,很少有人学有所成后自愿返乡参加建设,为新农村建设添砖加瓦,也就是说乡村教育的投入多,回报少,二者严重失衡,导致乡村建设中少有本土人才的参与,无人才可用。

上述现象反映出我国乡村教育和乡村人才培养理念本身就存在一个矛盾,即乡村办学以提高升学率为目的,旨在使乡村的青少年走出家乡,进入繁华的城市,在城市站稳脚跟,闯出一番天地,这样必然会导致乡村人才流失,严重制约乡村建设与乡村社会发展。青少年有追求梦想的自由,毕业后他们有留在城市的自由,我们不能阻碍他们,但同时我们也不得不面对乡村建设中无人才可用的现实困境。

（2）与所需人才不相称

并不是所有在城市中求学的人都能在城市扎根,有的大学生毕业后或在城市工作几年后因为种种原因而选择返乡,但他们在城市上学或工作的这些年心理早就发生了变化,被迫回到乡村的毕业生心理更加复杂。经历过城市的繁华,年轻人的心难免会有些浮躁,他们在乡村建设与生活中难以做到脚踏实地,心无杂念,甚至有些人从根本上对乡土文化是很排斥和反感的。乡村教育投入大量资源而好不容易培养的人才纷纷向城市涌入,难得回到家乡的少数人短期内又难以排除杂念,一心一意为乡村建设而服务,心存杂念或排斥乡土文化的年轻人即使参与乡村建设,也难以充分发挥自己的作用,为家乡建设做出巨大的贡献。乡村教育投入与回报的不匹配加剧了乡村教育的困境,乡村教育用有限的资源培养出的人才不能为乡村建设而服务,导致乡村人才培养与现实需要的脱节及乡村教育与乡村社会发展的严重脱节。

### 3.乡村教师参与乡村建设的积极性不高

乡村教育具有为乡村建设服务的功能,在乡村教育改革中,要充分发挥乡村教育的这一功能。这就要求乡村教师不仅要教书育人,还要为振兴乡村、推动乡村建设而服务。乡村教师应从内心深处接纳乡村文化,融入乡村生活,做好教书育人的本职工作,同时积极致力于乡村建设中,从而使乡村教育的社会服务功能得到充分发挥。但目前在我国乡村教育发展中,一些乡村教师尚未真正融入乡村生活,参与乡村建设的意识较弱,积极性不高。

首先,乡村教师与乡村社区基本上处于隔离状态,因此乡村教师在乡村教育工作中也难以充分发挥自身对促进乡村建设的重要作用,乡村教师的教育工作与乡村建设工程的实施尚未形成合力,这对乡村振兴是极为不利的。

其次,乡村教师在乡村社会中是不稳定的人力资源,他们流动性较大,缺乏稳定性,因此在乡村教育和乡村建设中也只能起到短暂的、有限的作用。乡村教师对乡村传统文化缺乏深入了解,有时不能从乡民的视角出发而处理他们的诉求,乡村教师在乡村建设中的作用受到限制,再加上教师与乡村文化、乡村社会生活之间的隔阂,最终影响了乡村教育为乡村社会发展服务的能力。

（二）乡村教育投入不足，经费使用不合理

### 1. 经费投入少，存在较大缺口

我国乡村教育有一个非常显著的特征，即教育环境差，这与整个乡村社会环境建设水平低有直接关系。当前虽然我国对乡村经济建设、文化建设、产业改革等较为重视，但依然存在很多瓶颈，导致乡村基础设施条件差，配套设施缺乏，因而乡村教育设施也得不到保障，基础设施的缺乏严重制约了乡村教育的发展，也限制了乡村教育在促进乡村建设方面的功能的发挥。乡村教育基础设施落后的直接原因是缺乏资金支持。乡村教育发展的经费来源主要是政府拨款和收取的学杂费，随着教育体制的不断改革，政府拨款在经费来源中所占的比例减少，而学杂费成为至关重要的经费来源，但学杂费毕竟较少，不足以完全支撑乡村教育的发展，难以满足乡村教育发展的需求。有限的经费，短期内难以改变乡村教育基础设施条件落后的现状，长此以往，经费缺口越来越大，教育设施问题越来越严重，乡村教育与城市教育的差距也会越来越大，乡村教育本身发展受限，更无法在乡村建设和乡村振兴中发挥重要的价值。

### 2. 资源配置不合理，经费使用效益低

我国教育经费既要投入城市教育，也要投入乡村教育，要根据城乡教育现状和社会需要而合理分配经费，达到一定的平衡，从而保障城乡教育的协同发展。但目前我国教育经费的投入存在区域差异，主要表现为东西部差异、城乡差异，一般情况是东部地区多，西部地区少，城市多，乡村少。此外，我国教育经费的投入也存在结构差异，主要表现为基础教育和高等教育之间的差异，即在高等教育中投入的经费所占比例较大，而在基础教育方面投入的经费占少数比例。此外，教育经费在教学设施、师资建设等方面的投入也存在不合理的地方，有限的教育经费并没有得到最大化利用，从而影响了乡村教育的整体发展。

（三）乡村教师稳定性和专业性差

1.乡村教师稳定性差

乡村教育的发展离不开稳定而优秀的专业师资队伍,乡村教师是发展乡村教育及促进乡村建设的重要力量和可靠保障。但现阶段我国乡村教师的稳定性较差,流动较为频繁,教师人才流失问题严重,离职率居高不下。我国各级政府为推动乡村建设和乡村教育发展出台了一系列政策,其中有些政策文件与乡村教师队伍培养和建设息息相关,尽管有一定的政策保障,乡村教师队伍依然不像城市教师那样稳定。部分乡村教师被城市生活吸引,身在乡村,心在城市,抓住一切进入城市的机会,这样乡村教师队伍就很难维持稳定。

2.乡村教师专业水平较低

乡村教师是乡村教育助力乡村振兴战略的重点和关键,乡村教师学历、专业水平的高低直接关系到乡村教育的质量。乡村教师相较于城市教师来说,学历层次普遍偏低,职称级别也普遍不高,而且还有大部分教师没有获得职称,职称获得率较低。由此可见,乡村教师的专业化水平明显低于城市教师。 此外,一些乡村教师的实践操作能力与教学水平较差,难以结合现代教育的基本诉求开展信息化、现代化教育,依然采用传统教学方法和模式进行教学,而且教学理念落后,从而直接影响了教学效果。

（四）农村教育教学质量较低

在国家扶持、政府关怀下,我国乡村教育事业已经获得明显的发展,并取得了显著的成绩,如在教学上能够将实践教学与理论教学充分结合起来,注重能力培养,能够简单应用现代化信息技术解决传统教学问题。但和城市教育相比,乡村教育还存在诸多不足,乡村教育应有的功能和作用还无法充分地发挥。当前我国乡村教育教学质量不够高,在课程安排上普遍沿袭多年前的教材和课件,没有从乡村振兴、人才培养及时代发展等角度出发而建构、创新教学模式,没有从学生的角度上重构教学内容,导致授课质量较低。在人才培养过程中,很多乡村教育机构对现代教育模式、教育体系的运用不充分、不熟练,影响了人才培养的有效性和培养质量。乡村教师自身知识水平有限、专业能力较低也制约了乡村教学质量的提高。①

## 二、中国乡村教育面临的主要问题

### (一)"边缘化"问题

中国乡村教育的"边缘化"问题主要体现在以下几个方面。

#### 1.地理的"边缘化"

由于受地理位置的影响,乡村教育正面临着地理的边缘化。乡村社会远离城市中心,尤其是"老少边穷"地区更是与城市相距甚远,乡村教育相对于城市教育而言正处于地理的边缘位置,导致乡村教育的发展机会有限,逐渐被现代文明遗忘。

#### 2.乡村教师身份的"边缘化"

受现代城市思维的影响,很多人将乡村社会与"落后""愚昧""贫穷"联系起来,身处乡村的教师作为乡村教育的灵魂,难以形成合理的身份认同,从而造成了乡村教师身份的边缘化,这是乡村教育边缘化的一个现实反映。

由于受地理位置、人际交往等多方面原因的影响,乡村教师与城市教师联系较少,而且因为乡村社会的快速发展,尤其是现代文明在乡村的渗透,导致乡村教师很难涉足乡村事务。因此,乡村教师在一定程度上处于城市与乡村的双重边缘位置,不管是在现实中,还是在名义上,乡村教师既不真正属于乡村,也不真正属于城市,这无疑加剧了乡村教师与乡村教育的边缘化。

#### 3.乡村教育制度的"边缘化"

在国家颁布的教育政策中,关于乡村教育的政策文件较少,这说明乡村教育处于制度的边缘。现有的一些教育政策不分城市与农村,只是

---

① 陈俊.乡村振兴战略下农村教育发展现状及应对策略探究[J].山东农业工程学院学报,2021,38(6):90-94.

做了普遍化的规定,或者只是简短地提了一些和乡村教育有关的条款,制度的缺失反映了乡村教育被忽视的现实。

（二）"断裂化"问题

在传统社会中,乡村教育与乡村社会、乡土文化融为一体,乡村教育不仅参与乡村社会建设,而且还发挥守护和传承乡土文化的作用。乡村教育以自身的文化优势引领着乡村文化的发展。然而,随着现代文明的发展、社会流动的加剧、多元文化的渗透以及乡村教育结构的变化,乡村教育与乡村社会渐行渐远,现代文明逐渐吞噬着乡村教育与乡村社会、乡土文化之间的天然纽带,乡村教育面临着结构上的"断裂化"问题。下面从两个方面来分析乡村教育的断裂化问题。

1. 乡村教育与乡村社会的结构断裂

现阶段,乡村教育正疏离于乡村社会。

一方面,由于现代文明的影响,尤其是电视、计算机等新兴媒介进入乡村社会后,乡村人民对各种信息的了解更为便捷,加上社会人员加速流动,广大乡民进城务工、创业,给乡村社会带来了大量的信息和奇闻趣事,而且一部分致富能手成为乡村人民的榜样,这在很大程度上消解了乡村教育的作用,尤其是乡村教师的文化权威,导致乡村教师被动远离乡村、疏离村民,从而加剧了乡村教育与乡村社会的割裂和分离。

另一方面,由于乡村社会的文化变迁,乡村人民对乡村学校、乡村教师的无意识疏离致使乡村教师主动远离乡村社会,乡村教师的活动范围局限于学校内,导致乡村教育与乡村社会的天然纽带遭到严重破坏。

2. 乡村教育与乡土文化的结构断裂

乡村教育正逐渐远离乡土文化。乡土文化是乡村人民世代生活的历史积淀,是乡村社会的精神之根,孕育了一代又一代的乡村人民。在传统社会中,乡村教师作为乡村教育的主体凭借自身的文化优势和乡村社会中德高望重的老者共同对乡土文化典籍进行整理,参与各种乡村活动。然而,随着乡村教师与乡村社会的疏离,乡村教师心系城市,日益发达的网络文化环绕在乡村教师的日常生活中,使乡村教师萌生"逃离"乡村的想法。在现代文明的冲击下,极具特色的乡土文化慢慢衰落,乡村教育与乡土文化之间的"断裂化"问题愈演愈烈。①

（三）"现代化"问题

随着城乡一体化进程的推进,乡村教育面临着诸多的困扰,如:是为城市教育所"俘虏",还是坚持走自己的路? 是作为城市教育的翻版,还是保持自身的特色? 是秉持自身的"优良传统",还是彻底无根的"现代化"? 现在,发展乡村教育需要迫切思考与解决的问题是乡村教育是否该"现代化",如何实现"现代化"?②

乡村教育时代定位的关键在于处理好"现代化"问题,即传统与现代、后现代之间的关系问题。在乡村教育的现代化发展中,比较突出的是乡村教师的现代化问题。乡村教师尤其是年龄较大的教师熟悉并受益于传统文化,因此敬畏传统文化,坚决拥护传统文化。然而,现代文明的发展和城市化进程的推进要求乡村教师不断学习新的文化,掌握新的教育教学方法。但长期身处乡村社会的乡村教师,相对于城市教师而言,对现代教育技术的掌握较少,更不能像城市教师那样熟练运用新兴教育技术手段去授课,长此以往,一些乡村教师对现代技术产生抵触情绪,年龄较大的教师甚至拒绝接受与采用现代教育技术。

此外,随着后现代文化在乡村社会的渗透,后现代思维方式对乡村教育教学产生了很大的影响,因此乡村教师在日常教学中常常被一些问题困扰,如怎样处理好教师引导与学生建构的关系,如何让学生充分发挥自主性等。而这些问题也是关乎现代化的问题。

总之,乡村教育在社会转型背景下要实现更好的发展,就必须解决好现代化问题,既要传承优良的传统文化,又要积极汲取现代文明成果,将传统文化与现代文明有机结合起来,实现思维方式的现代转换。

### 三、造成中国乡村教育现实困境与问题的原因分析

（一）乡村教育未能坚守自己的价值定位

"为农服务"是乡村教育的重要发展理念,然而受城市教育理念的冲击,乡村教育的发展理念没有得到很好的落实。在乡村振兴战略背景

---

① 李森,张鸿翼.当代中国乡村教育研究[M].广州:广东教育出版社,2018:98.
② 赖明谷,安丽娟.基于乡村振兴战略的乡村教育发展研究[J].上饶师范学院学报,2019,39(4):79-86.

下,乡村教育的改革与发展需要充分挖掘和发挥乡村教育对乡村建设的功能,但现实中乡村教育的发展及其功能的发挥面临诸多问题与瓶颈。城市教育给乡村教育带来了较大的冲击,人们盲目追捧城市教育,怀疑乡村教育。当前我国城乡社会发展差距大依然是客观事实,城乡教育差距也比较大,城市教育中,人才培养理念符合社会发展需求,教育技术丰富而先进,教育资源丰厚,因而城市教育的优越性吸引了广大乡村学子,乡村教育片面追求升学率的问题越来越明显。同时,乡村教育效仿城市教育而确立办学理念、人才培养目标以及课程知识体系,脱离乡村社会发展实际需要的盲目效仿不仅没有起到积极作用,反而导致乡村教育"不伦不类",致使乡村民众对乡村教育越来越不信任。[①]

乡村文化有自身的特殊性,但乡村教育在模仿城市教育的过程中忽视了特殊的乡村文化,从而造成了乡村教育与乡村文化的背离。城市文明冲击着乡村文明,影响着乡村社会,其中包括对乡村教育的影响。乡村教育采取与城市教育极为相似的模式而办学,这种相似性表现在办学理念、人才培养目标、具体教学体系等多个方面,乡村教育走向了全面都市化之路,但这与乡村社会的发展水平和乡村文化的特殊性是不相符的,乡村社会的发展现状不足以为乡村教育的城市化改革而提供良好的环境与条件,城市教育在城市社会与现代文明中兴起与发展,其背后所蕴含的现代思想、现代文明、现代情感等是乡村社会所无法提供的。

城乡教育的差距是真实存在的,乡村教育不能盲目效仿城市教育,乡村社会也不能盲目搞城市化建设,抛弃自身特殊性,对乡村文化与乡村社会现状全然不顾的乡村教育不仅追赶不上城市教育,反而会引起人们的反感与质疑。

乡村教育有自身的特殊性,也有自身的优势,如接近乡村自然,有浓郁的乡村情怀,与优秀的传统乡村文化密切联系,能够给年轻一代带来真实的生命体验,这些优势是城市教育所无可比拟的。所以,乡村教育改革不能与乡村文化相脱离,更不能走出乡村社会,而应回归到乡村文化生活中进行有意义的改革。

(二)政府对乡村教育的重视程度有限

我国提出乡村振兴战略后,政府部门积极投入关于乡村发展的各项

---

① 安丽娟.基于乡村振兴战略下的乡村教育发展研究[D].南昌:南昌大学,2019:32.

工作中,各部门工作热情高涨,纷纷为推动乡村社会建设而献计献策,做出很大的贡献。但是由于一些地方政府尤其是乡村政府没有清晰地认识与了解到乡村振兴的前景与长远目标,而且忽视了乡村教育对落实乡村振兴战略的重要推动作用,从而造成了政府缺乏对乡村教育大力支持的现状。

政府支持力度弱,是乡村教育发展中出现诸如学生培养、教师队伍建设等问题的主要原因之一。政府部门在思想上不重视乡村教育,而思想直接决定行动,因此在行动上也有诸多相应的表现,如在乡村教育中没有投入充足的财力资源、物力资源及人力资源,没有出台相关扶持性的政策文件来为乡村教育改革和发展提供保障,而且一味借鉴原来的经验或其他地区的经验而进行乡村教育改革,没有从现实出发而探索专门的出路。

尽管国家提出要重视乡村教育、乡村建设和乡村发展,并出台了一些相关的法律政策,但在地方上很难全面落实上级号召和政策,一些发展的"口号"难以在乡村教育的实践中如实"兑现"。而要解决这个问题,就必须使地方政府特别是乡村政府从思想上深刻认识到乡村教育对乡村振兴的重要意义,只有端正了思想,提高了意识,才会付诸实际行动,真正为乡村教育改革与发展出谋划策,采取有现实意义的对策而推动乡村教育发展,进而实现乡村振兴的战略目标。

（三）乡村教育的价值受到社会的忽视与怀疑

社会对乡村教育的怀疑与忽视,是由乡村教育质量低的客观事实直接造成的,这也引起了社会对乡村教育价值的非客观评价,甚至否定乡村教育的价值。社会对乡村教育的评价不够客观,对待乡村教育缺乏公正性,再加上乡村教育的独特价值受到了城市教育的冲击,从而使乡村教育的办学理念和办学目标受到严重影响,也导致乡民对本土教育不信任,乡村教育的重要价值无法得到发挥。

首先,在传统观念的影响下,社会看待乡村教育不够理性,加上现代文明和都市化教育理念的冲击,导致不管是城市人民还是乡民,都无法客观评价和正确看待乡村教育。

其次,乡村教育改革中,既有乡村化倾向,也有都市化倾向,在二者之间徘徊,没有明确的定位,茫然又矛盾,从而对乡村教育理念、人才培养理念、课程结构设置、教育教学管理等造成了严重的制约。

再次,我国一些乡村社区有较多的留守儿童,部分适龄留守儿童没有享受到受教育的权利,他们的监护人不重视孩子的教育,可见乡民本身也在怀疑乡村教育的价值,忽视了乡村教育的重要性。

最后,乡村教育以提升升学率为主要目标,一味强调学生的文化课成绩,忽视了学生的心理健康和全面发展,尤其是留守儿童的心理和人格健康,导致乡村青少年学生综合素质较低,与城市同龄学生有一定的差距,这反过来又会导致社会更加怀疑乡村教育的价值。

# 第三节 中国乡村教育的发展规律与趋势

## 一、中国乡村教育的发展规律

乡村教育发展的基本规律,是乡村教育系统内部各要素以及乡村教育系统与其他相关系统在运动与发展过程中,存在的本质的、必然的联系。乡村教育作为一种具有区域性特征的教育,有其自身发展的基本规律。

### (一)社会稳定是乡村教育发展的基础保障

在整个社会系统中,教育是不可或缺的重要组成部分之一,教育与社会的发展是相辅相成的,社会变迁与发展对教育发展的影响很大,乡村教育作为教育的一部分也不可避免地受到社会发展的影响。乡村教育会因为社会动荡而发展不稳定,甚至不进反退,乡村教育的发展离不开稳定的社会环境,社会稳定是乡村教育发展的基础保障之一。

纵观教育发展的悠久历史,其呈现出鲜明的连续性特征,而如果社会动荡不安,这种连续性就会遭到破坏,教育发展的规律和正常秩序就会被打乱。古代的改朝换代、近代的各种革命都对当时的教育产生了深远的影响,如果社会环境动荡不安,那么社会经济、社会文化都会受到严重影响,人们的正常生活也无法得到保障,这种情况下教育事业的发展更是举步维艰。而只有社会安定,百姓衣食无忧,才能为教育事业的发展营造良好的环境,才能保证教育事业的持续稳定发展,使教育事业呈现出欣欣向荣的美好景象。

社会环境安定与否直接影响乡村教育的发展,反过来,乡村教育的发展也对社会稳定与发展产生重要影响。乡村教育事业发展良好,能够对乡村社会的和谐与安定产生积极影响。在维护社会稳定方面,教育教学发挥着至关重要的作用,这也是古代社会通过道德教化来治国安民的主要原因之一。大力发展乡村教育,培养社会需要的高素质人才,使这些人才直接或间接地参与到乡村社会建设中,促进乡村发展,共建乡村美好家园。此外,在乡村教育中融入思想道德教育、思想政治教育,对社会主流价值进行传递,从而提高青年一代的道德水平、责任意识,使其自觉遵守道德规范和社会准则,共同维护社会稳定。

（二）乡村经济是影响乡村教育发展的首要因素

经济是教育发展的第一要素。社会经济发展水平直接影响乡村教育发展水平,没有良好的社会经济,乡村教育是无法发展的。从乡村教育在各个历史时期的发展情况来看,无不以社会经济为基础,这是不可否认的客观规律。乡村教育的发展离不开充足的物力与人力资源,而乡村教育中可用的这些资源有多少,主要由乡村社会经济发展水平所决定。此外,乡村社会的教育观念也直接受到社会经济发展水平的影响。乡村社会经济条件成熟是乡村教育得以发展的前提条件和基础保障,乡村教育的发展规模、发展速度、发展结构,乡村人才培养规格以及乡村教育的内容、组织形式以及方法等都是由乡村经济发展水平所决定的。如果乡村社会经济水平高,能够为乡村教育投入大量的资源,那么乡村教育的发展就有了保障,乡村教育有了经济扶持就有希望达到更高的水平。而如果乡村社会经济落后,在乡村教育中投入的经费、人力及物力资源都很有限,满足不了乡村教育发展的需求,那么必然会对乡村教育的持续稳定发展造成严重制约。

在"以县为主"的管理体制下,一个地区乡村教育的发展水平基本上是由县域经济水平所决定的。如果县域经济落后,那么当地乡村教育水平则会远远落后于经济发达地区的乡村教育水平。经济发展水平高的地区往往有较多的就业机会,而且对就业者的文化素质、专业素质以及综合素质都有较高的要求,因而经济发达地区不仅基础教育发展较好,而且也很重视成人教育、职业教育,整个教育事业都呈现出欣欣向荣的景象。

需要注意的是,经济因素是乡村教育发展的必要不充分条件,没有良好的经济条件,乡村教育不可能实现发展,但如果只具备了经济条件而不具备其他重要条件,如稳定的社会环境、健全的教育制度等,乡村教育的发展依然会受到制约。经济因素是影响乡村教育发展的第一因素,反过来乡村教育的发展也对乡村教育的发展有重要影响。人才是乡村社会发展的重要力量,发展乡村教育,培养社会需要的优秀人才,是乡村社会进步的必要条件,在乡村建设中充分发挥人才的作用,将有利于加快乡村经济发展速度,促进乡村社会和谐稳定发展。

（三）传统文化对乡村教育产生双重影响

中国是四大文明古国之一,在漫长的发展历史中积累了丰富而灿烂的文明,其中一些优秀传统文化在海内外广为流传,是中华民族繁荣发展的象征,在中国社会主义现代化建设中发挥着举足轻重的作用。我们要辩证地看待中国传统文化,既要肯定与传承优秀传统文化,也要看到那些与现代社会不相适应的传统文化,传统文化本身就具有双重性,优秀的、符合现代社会需求的文化顺应时代潮流而流传至今,成为社会发展的助力,而那些与现代社会发展需求不符的传统文化则会阻碍社会进步和发展。

传统文化形成于农业社会几千年的历史中,乡村文化和城市文化相比而言,变迁速度较慢,乡村文化中很多传统文化一直保留至今。具有双重性的传统文化对乡村教育发展产生的影响也具有二重性,优秀传统文化通过教育及其他路径而代代传承,影响了一代又一代的中华儿女,如重仁义、讲宽和、以诚待人、以信接物,以国家、民族、集体利益为重,助人为乐,勤俭朴素,尊师重教,尊老爱幼,家庭和睦,邻里相亲等。[①]我国是农业大国,人口众多,且乡村人口占到很大的比例,乡村人口是传统文化的重要传承力量,因而在传统文化的传承中,乡村教育起到重要作用。乡村教育理念、教育内容以及教育形式也深受传统文化的影响。

优秀的传统文化对乡村教育的发展起到积极的推动作用,落后愚昧的传统文化则对乡村教育的发展及乡村社会建设造成了严重制约。受一些落后传统文化的影响,一些乡村地区存在"重男轻女"的落后思想观念,这在乡村教育上直接表现为只让男孩上学读书,接受教育,盼望他们出人头地,而不允许女孩上学,剥夺女孩受教育的权利。这对义务

---

① 李森,崔友兴.社会变迁中的乡村教育 [M].福州:福建教育出版社,2017:59.

教育的普及造成了严重的制约。另外,乡村教育的发展也受到一些封建迷信的制约,从而影响了科学知识在乡村青少年中的普及。

总之,传统文化本身有精华,也有糟粕,因此其对乡村教育的影响也是既有积极的一面,也有消极的一面,我们应尽可能发挥优秀传统文化对乡村教育发展的积极促进作用,去除愚昧落后的传统文化,避免其对乡村教育产生不良影响。

（四）乡村教育制度影响乡村教育发展

教育制度是一个国家各级各类教育机构与组织体系有机构成的总体及其正常运行所需的种种规范、规则或规定的总和。它包含学前教育机构、学校教育机构、业余教育机构、社会教育机构等,还包括各机构间的组织关系、各机构的任务、组织管理等。[1]

教育的发展离不开教育制度的保障。从中国教育的发展历史来看,不同的历史时期都有相应的教育制度。例如,古代官学和私学的教育制度体系都比较严密,近代时,西方工业文明冲击了中国农业文明,从而导致中国封建教育被摧毁,"新式"教育逐渐兴起,并提出了相应的教育制度,但由于新式教育突然替代了产生于农业社会的传统封建教育,使人们措手不及,因此新式教育制度短时间内很难与乡村现实相适应。尽管很多有识之士一直努力进行乡村教育的改造,但因为教育制度没有建立,所以不会从根本上对乡村教育造成影响。只有适合乡村社会现状、教育现状的教育制度才能够为乡村教育的发展提供一份可靠的保障,推动乡村教育及乡村社会的健康发展。

## 二、中国乡村教育的发展趋势

（一）素质化趋势

随着时代的进步、社会的快速发展以及现代生活水平的提高,现代科技在社会生产生活中的作用日渐凸显,越来越重要,这也对现代劳动者及社会人才提出了较高的要求,只有较高层次的、高素质的优秀人才才能在现代化的生产与生活中熟练运用现代科技而提高生产与生活效率。社会对高素质人才的需求客观上促进了乡村教育的发展,也延长了

---

乡村地区普及教育的年限。而且随着社会的发展,初级职业教育逐渐被高中阶段的职业教育取代,而后者渐渐成为职业教育的主体层次。近年来,在实现教育层次高级化方面,全国各地都在积极探索多样化的职业教育办学模式,如综合高中模式、中学后模式、社区模式、企校联合办学模式等。职业教育办学模式的多样化发展促进了各级和各种形式的职业教育的功能合理定位。这些不同形式的职业教育各有所长,它们的共同性在于都要求受教育者努力学习,提高素质与实践能力。坚持不懈地搞好多样化职业教育,将全面素质受教育者的综合素质。

(二)终身化趋势

"终身教育"是永远教育或永续教育的意思,它是针对一次性教育而言的。经济发展需要新技术,要求劳动者作为生产力中最活跃的因素不断去学习新知识,掌握新技术。随着市场经济的发展和知识经济时代的到来,教育和学习正日益向终身化方向发展。教育和学习的终身化是当今时代的理智选择,是新时期教育发展的必然趋势。面对日趋激烈的国际竞争,构建完善的终身教育体系已迫在眉睫。

构建终身教育体系,一方面要与当前的素质教育、办学体制紧密结合;另一方面要大刀阔斧地对传统教育体制进行改革,并积极落实远程教育工程,这也是当前乡村教育改革与发展的重要工作。

(三)持续化趋势

教育不仅要服务于"科教兴国"的发展战略,还要服务于可持续发展战略。这里所说的可持续发展不是单纯指环境和生态问题,而是一整套综合的、长期的关于人类现在与未来的可持续发展的思想和发展战略。可持续发展的关键在于提高人的能力,包括知识能力、保健能力以及积极适应社会的能力。要获得这些能力就要依赖各种形式的持续不断的教育。社会的可持续发展以育人为中心,它要求人们在基本生活、工作、受教育等方面都享有应有的权利,获得发展的机会,要求实现社会公正的原则,要求全民参与。在新时期改革与发展乡村教育,人们更重视基础教育的效益,这预示着教育体制、教育内容将发生根本性的改革和变化。在乡村教育体制改革中,越来越重视地方教育的本土性和学校办学的自主性。

在乡村职业教育的发展中,由于科技的迅速发展和深入渗透,迫切需要培养一支生产效率高、综合能力强的劳动力队伍,这是乡村振兴的必然要求。可持续性是乡村振兴与乡村建设的核心要求,接受乡村职业教育的个体必须掌握必要的职业技能,为不断接受再培训、从事特定职业或创业做准备。

（四）公平化趋势

1. 教育公平

"教育机会均等"是教育公平的核心。传统教育制度对享有特权的社会阶层更为有利,因此社会各阶层的受教育机会并不均等。随着社会的进步与教育的普及,教育机会均等逐渐成为现代教育基本理念,其价值指向十分鲜明。教育公平包括下列三种类型。

（1）起点公平

起点公平是指尊重和保护每个人的基本人权,即教育权利平等、教育机会均等。

（2）过程公平

过程公平是指在起点不公平的情况下,通过相应的制度、政策来维护教育公平。

（3）结果公平

结果公平是最终体现在学生学业成就上的实质性的公平,即教育质量、目标层面上的平等。

2. 乡村教育公平

由于不同个体之间才能、禀赋的差异客观存在,城乡的社会经济水平存在差异,因此对乡村教育公平的关注主要集中在为人们提供公平的发展和竞争机会上。为了培养乡村振兴和新农村建设所需要的优秀人才,需要充分发挥受教育者的主观能动性,使其主动参与,实现主体发展,这要求改变传统教育中以教师为中心,教师单向灌输知识,学生唯命是从的状况,倡导师生民主平等。同时也要避免过分强调学生的主体性而忽视乡村教师应在更高层次上发挥的主导作用。

（五）信息化趋势

教育现代信息化是以现代信息技术为基础的新教育体系,包括教育观念、教育组织、教育内容、教育模式、教育技术、教育评价、教育环境等一系列的改革和变化。我们不能简单地在教育信息化与教育计算机化或网络化之间画等号,教育信息化是一个关系到整个教育改革和教育现代化的系统工程。教育信息化旨在通过现代化的教育体系而培养信息社会所需要的现代化人才。

现代信息技术对乡村教育的发展产生了深刻的影响,信息技术的不断渗透要求实现乡村教育的现代化与信息化。经济发达的地区,现代信息技术从硬件配备到软件应用都开始走向现代化,一些实现了小康的教育先进县也在有重点、有步骤地布点进行现代教育技术的多方应用,提高了基层教育的信息化水平。

以计算机多媒体技术和网络技术为主要标志的现代信息技术已经渗透到社会各个领域,对推动社会发展产生了举足轻重的作用。当前,我国在乡村教育中逐渐融入信息技术教育,重点培养学生对信息技术的兴趣、信息技术理论素养及信息技术应用能力,这是 21 世纪乡村素质教育的重要内容之一。现代信息技术与乡村教学高度整合,创建了信息化教育环境,运用现代信息技术进行教学设计,改善教学过程,加强教学管理,以加快实现乡村教育高适应度、高质量、高效益的"三高"目标,这也是乡村教育改革与发展的重要环节之一。[①]

（六）国际化趋势

教育的国际化是指在实施本国教育发展战略规划时,把本国教育拓展到世界教育中,加强教育的国际合作与交流,不断地吸收和借鉴其他国家先进的、有益的、成功的教育经验,以提升本国教育实力,进而增强本国综合国力及在世界中的竞争力。

我国教育的国际合作与交流有利于学习国外先进的科技成果,了解最新教育理念和教育管理方法,从而推动我国教育的改革与发展。随着乡村社会的不断发展,乡村教育也逐渐与国际接轨,乡村的人们有机会走出国门看外面的世界,出国学习、培训、深造,不断提升自己,实现自我价值,并在归国后为乡村建设和祖国建设做出更有价值的贡献。

---

① 陈锟.中国乡村教育战略[M].北京:中共中央党校出版社,2006:178.

# 第四章 乡村教育与乡村发展 各要素之间的关系

现代乡村教育的振兴与乡村社会发展的各个层面密切相关。从历史的视角看,乡村教育是在国家权利与地方社会的长期互动中实现的。我国的乡村振兴战略的核心内容是乡村教育的振兴,是建成社会主义现代化国家以及推进社会主义现代化强国奋斗目标实现的关键举措。对乡村教育振兴的研究必然包括对与之相关的乡村社会各个方面的彻底认识和了解。本章将从中华文化与乡村教育、现代农村与乡村教育、现代农民与乡村教育、现代农业与乡村教育几个不同的视角,将乡村教育与乡村发展各要素之间的关系进行全面的梳理和阐述,从乡村发展的角度对乡村教育振兴进行探讨与分析。

## 第一节 中华文化与乡村教育

中国历史悠久幅员辽阔,是一个由多民族组成的文明大国。多元文化的共存造就了中华文化的丰富性和多样性,各个民族、各个地域都有其独具特色的文化传统,在历史的演变过程中,不同文化之间又发生着互动和彼此影响,产生了极其丰富、博大的文化生态。尤其是我国广大的乡村地区,它们既是文明的发源地,也是至今仍保存着大量文化传统和文明生态的土壤。在乡村教育振兴的研究中,传统文化是一个无论如何也不可能绕开的重要因素。中华文化对乡村教育具有双重影响,几千年孕育的乡土文化凝聚着优秀的文化传统和民族精神。和城市相比,乡村社会更为封闭和自成体系,因此受到传统文化的影响也更为深远,然而这种影响是一把双刃剑,既有文化精髓,也有文化糟粕,既对乡村教育给予了深厚的传统文化的加持,同时也在乡村教育的现代化改革中存在着一定的制约作用。

### 一、传统文化提供丰厚的文化滋养

中华文明源远流长,我国的传统文化如儒家、道家、法家等对我国具有直接而深远的影响。以起源于山东地区的齐鲁文化为例,是中国传统文化的重要组成部分。以儒家学说为代表的鲁文化,在齐鲁大地上迅速繁衍、广泛传播,并逐步跃迁为中国传统社会学术文化的核心地位。

#### (一)中央官学系统

中国古代的教育主要表现为以朝廷为中心、在各地兴办的官学系统为主。地方官学始于汉代,后经唐宋元明清的逐步发展完善,我国古代的官学系统已经形成非常成熟的机制和规模。以皇权中央所在地到各府、州、县、乡村都有其机构的设立。官学在古代对我国的文化传承以及为朝廷培养官吏人才发挥着至关重要的作用。

#### (二)民间私学系统

与官学并行的是分布于民间的各种类型、不同教学程度的私学。私学主要由著名的学者开办。教学内容可分为两大类,一类属于启蒙教育,包括私塾、义学、冬学、社学等学校形式;另一类属于经典的深度讲学,类似于今天的大学,比如一些经馆、书院。以书院为例,它一方面继承了古代的私学传统同时借鉴了官学的教育经验,形成了一种与官学并行发展且具有相当的独立性的一种教育制度。中国古代著名的书院有应天府书院、岳麓书院、白鹿洞书院等,它们是中国传统文化的精华所在。而遍布于广大的乡村社里的塾学机构,则发挥着重要的启蒙教育功能。在塾学读书的学生,年幼者四五岁,年长的有十几岁,但无论塾学的规模大小,学生程度如何,基本上采取由易至难、循序渐进的授课方式。比如乡村中最为常见的是村塾,一般是由几户人家集资聘请一位私塾先生,对村里的孩子进行最基本的启蒙教育。

## 二、传统文化对伦理道德的规范

中国的传统文化蕴含着丰富、质朴却放之四海而皆准的道德观念。比如《大学·礼记》中的"修身齐家治国平天下""格物致知",《论语》提出的"己欲立而立人,已欲达而达人""己所不欲,勿施于人"的思想观念,都是中华文明的伦理道德的核心思想。

### （一）对社会伦理道德的规范

传统文化中的社会道德伦理,包括安邦定国、诚实守信正合宜、兄弟义气、礼貌待人、尊老敬贤、慈悲博爱和容仪有整等等,都是要求个人在社会生活中要遵循的道德品质,它也是我国几千年文明实践的道德精华总结,至今仍然是国人社会生活中自觉遵守的最核心的道德修养行为规范。同时,中国传统文化中对道德规范采取一种宽容和发展的先进思想,它并非清规戒律般要求人们只能服从不容有任何过失,而是尊重人的思想认识的发展规律,给人以很大的成长空间,因此它还强调知耻而后勇,给人以改过自新的自我道德拯救,它倡导人会"自知屈辱,继而发奋图强"。总之,中国传统文化提供的社会道德伦理是一套完整的指导个体在社会生活中的道德约束体系,同时也体现着中庸、包容的中华文化的特色。今天,在我国乡村地区的社会生活中还能看到非常明显的这样的社会道德约束的例子,比如乡村生活中有更为浓厚的睦邻友好、生产互助、隆礼重德的传统。乡村的人情味更浓,农闲时亲戚邻里之间相互串门、走动、拉家常以增强感情;而在农忙时,大家齐心协力互助生产,不急报酬地抢种抢收,以争取时间和提高效率,努力获得最佳的农耕效益。有些特别贫困地区,一家的孩子考上大学,全村集资凑学费等现象屡见不鲜,这些都是优秀的传统文化对道德规范的体现。

### （二）对家庭伦理道德的规范

家庭是社会的最小单位,家庭伦理道德规范是社会运行中的重要纽带。在家庭伦理的内容无论大事小事都有明确的安排和规范,如"妻子好合,如鼓瑟琴""宜尔室家,乐尔妻帑",是形容家人之间如果能相亲相爱,那么就像弹奏琴瑟一样能弹奏出和谐动听的音乐,兄弟朋友之间要相亲相爱、和睦友好,培养出融洽的感情,那么家庭生活一定会幸福安康。对家庭的道德规范还包括对长辈要尊敬孝顺,对晚辈要慈爱疼惜、教养有方。可见,对于家庭伦理其实具有更全面和具体的主张和要求,同时也有相应的惩罚,比如在《唐律》中有"十恶",它们分别是谋反、谋大逆、恶逆、谋叛、不道、大不敬、不孝、不睦、不义、内乱之罪,其中"恶逆""不孝"及"不睦"三项都是和家庭孝道有关。在宗亲家族内,如果发生"恶逆""不孝"及"不睦"的行为,会视为与谋叛、谋反等一样,为不赦的死罪。

### 三、传统文化倡导和谐自然的发展观

在两千多年前,中国古代的思想家、哲学家庄子,就提出天人合一的哲学思想观。尊重自然客观规律、不违农时地进行农业生产是我国传统农村文化的重要内容。主张人们的生活生产要顺应天道则,所谓的天道就是自然规律,这体现了我国古代朴素的唯物主义思想,在民间自古有"百亩之田,勿夺其时""不违农时,谷不可胜食也"的思想和观念。人们遵循自然规律安排农事活动,以自然节气的规律指导着种植业、畜牧业等的发展。顺应天时、和谐自然地生活与生产是民间最朴素的文化价值观。比如,清明前后点瓜种豆;春分时节,早稻先后浸种、催芽、覆膜育秧、晴天播种;端午节前后,收割小麦,储水准备插秧。民间还有春季不打鱼狩猎的约定俗成,就是要因循动物繁衍的自然规律,无论耕种打猎都讲求时节,才能延续衣食有余,让子孙后代都能享有大自然的恩惠。

### 四、传统文化的局限性

(一)个体意识与平等思想缺位

中国的传统文化成熟于封建社会,当时的底层劳动人们没有自由、人权、平等这些观念。在由封建思想统治的乡村社会里,人们的思想意识被驯化为符合皇权统治阶层的需要,比如君为臣纲、夫为妻纲、父为子纲,比如人有贵贱之分、男尊女卑等陈腐思想观念长期占据着农村社会文化的统治位置。即使在现代乡村社会,类似的纲常思想和愚孝愚忠的现象也仍然存在,更普遍的是家长作风,族群本位意识,以及以传宗接代、延续香火为婚姻的主要诉求等观念也同样存在。在乡村社会文化

中,个体意识较淡薄,人们更普遍的是以宗族为单位的集群开展生活活动的。个人意志要服从家庭意志,家庭又要因循族群的规范行事,因此,个体意识始终处于被忽视甚至被压抑的状态。在一些较为落后的地区,至今还有很重的重男轻女的落后思想,比较突出的例子是,在贫困家庭人们会优先培养儿子读书,忽视对女儿的教育。

### (二)封建迷信文化根基牢固

封建迷信思想是封建社会的文化遗留,也是传统文化中一个不可忽略的组成部分。封建迷信文化曾在中国古代社会具有强势地位,从村野莽夫到王公贵族无不是封建迷信思想的信奉者和传播者,卜卦算命、看风水等至今仍在民间流传。在科学缺位的年代,这些思想大行其道,并且在民间发展出极深的根基,涉及人们生活的方方面面,从求学、婚配、就医、安宅,到艺术创作、娱乐等等都或多或少地有迷信文化的踪影。这在当今的乡村教育振兴中,也是不容忽视的问题,有时会成为推进科学活动的无形的阻力,因此应当引起一定的重视。

# 第二节　现代农村与乡村教育

## 一、现代农村的发展现状

### (一)农村企业化发展迅速

当今社会,工业化水平发展已经相当发达,同时它也是衡量一个国家发达与否的重要标志,对建设有中国特色的工业化,以农村工业化进程解决"三农"问题具有重要作用。农村发展工业是现代农村的标志,是农民致富的必经之路,是我国整体实现农民脱贫致富的主要途径。因此,发展农村工业,提高农业设施装备,增加农业效益,增强农业的竞争力是现代农村工业建设的一条完整思路。我国的农村工业包括重工业和轻工业,本书谈及的农村工业主要以轻工业为主,包括纺织、服装、零配件制造、食品加工、皮革、玻璃制品等等。无论是过去、现在还是将来,加快农村工业化都是农村经济工作的重要手段之一,是使农民增收致富的主要手段。改革开放以来,我国农村地区兴建了大量的企业、工厂,乡镇企业以星星之火可以燎原之势迅速发展壮大,并逐渐成熟,带动了当地农民发家致富,为地方财政收入做出贡献。

（二）农村企业存在的主要问题

以开展轻工业为主的农村企业可以吸引大量的农村劳动力,从而留住农村人口,带动农村社会的建设,繁荣城乡经济发展,提高农村文明的程度,促进农民提高知识技能水平,提高对教育的需求。总之,农村的工业化从整体上对加强农村现代化建设起到积极的促进作用。目前,我国的乡镇企业已经成为"中国制造"的核心力量,作为一个制造业大国,乡镇企业在其中充当了绝对重要的角色。但是,中国不甘于只是作为一个制造出口大国,我们还要在制造的基础上发展自己的科技能力、设计能力。然而在这一过程中,我们的乡镇企业需要以发展的眼光紧跟国家战略部署,不断调整自己的定位。当然在进一步发展时还面临着以下几个方面的问题。

1. 乡镇企业结构不合理

有研究表明,乡镇轻重工业结构、乡镇轻工业结构、乡镇重工业结构的年均变化值,分别达到 0.36%、1.89% 和 0.79%。

2. 乡镇企业资金短缺

资金短缺、贷款难是乡镇企业,特别是乡镇小企业的难题。资金周转难、汇款周期长、成本逐年上涨等等都是压垮小企业的重要原因。再加上资金短缺和职工素质较低等方面的原因,无力引进和留住高水平技术人员,难上高科技含量项目,致使更多地实行粗放经营,导致经营成本高,效益下降。

3. 乡镇企业管理方式落后

乡镇企业中有很多都是由家族企业发展而来,兄弟或者夫妻创业,即便企业做大也难免保留着家族企业的作风,比如企业早期有很多亲戚朋友的加入,尽管在企业发展的早期降低了管理难度,然而随着企业的发展壮大,由于裙带关系的存在使企业难以进行科学化管理,制约着企业的进一步发展。

#### 4.乡镇企业体制有待完善

乡镇企业存在着产权主体单一、政府干预过多、非生产性人员增加、决策经营责任不明晰、集体资产浪费和转移等方面的问题。乡镇企业的政企不分、产权不明,常常是影响企业进一步发展的重要原因,甚至会拖垮企业。另外,乡镇企业过于注重短期效益,功利性较强,缺乏长远布局的能力和发展动力。这样的乡镇企业其实十分脆弱,一旦市场发展轻微调整,企业就面临瘫痪甚至倒闭的风险。

### (三)农村企业中的人员现状

#### 1.农村企业中人员学历普遍偏低

人才是发展的根本因素。然而现实情况却是,乡镇企业始终面临着人才严重短缺的局面。特别是管理人才和核心技术人才的短缺,始终制约着乡镇企业的发展。有很多地市乡镇企业的厂长最高学历是高中毕业,就连经济和文化相对发达的广东省,其乡镇企业职工中,大专以上学历的仅为0.43%。因为大多数的乡镇企业就是由"洗脚上田"的农民创办的,他们凭借着胆识和勤奋抓住时代的机遇,创业致富,并带动了自己的族群甚至当地的发展。然而创业容易守业难,在随后的发展中他们常常因为知识水平有限而感到力不从心。而乡村企业招募人才又普遍存在难度。因此,人才匮乏影响了乡镇企业的管理水平和生产经营档次,阻碍了乡镇企业的发展。

#### 2.农村地区难以吸引优秀人才返乡

现在高校的毕业生基本上都是留在大城市发展,愿意回农村的比例偏低,因此农村地区很难招募到优秀的高校人才。而且越是经济落后的地区这种情况就越加明显,落后的乡村地区急需人才来提高生产建设,然而由于乡村的生活条件落后、思想观念陈旧、发展缓慢,因此绝大多数学有所成的年轻人都不愿返乡加入乡村的建设活动中。更多的年轻人向往大城市的生活,希望进入发展迅速的高科技行业,或者首选更为稳定和体面的公务员的岗位。甚至即便是农业专业的毕业生,真正从事农业研发或在农业生产第一线的高校毕业生比例也极低。也就是说,越是发达的地区、热门的行业越是吸引人才,而经济落后、地域偏远更需要人才建设的乡村地区却很难吸引到优秀的高校毕业生。长此以往,对乡村振兴都产生不利的影响,甚至进入一个恶性循环。因此需要国家从政策层面给予一些扶持和鼓励机制,使乡村地区也能招募到优秀的年轻人,并且有意愿、有热情投入乡村的发展建设中。

（四）农村企业对人才的需要

1. 农村企业需要多方面的人才

农村工业化的发展要求乡镇企业必须改变目前的不良状况,必须改变低层次、小规模以及松散型、随意型的管理模式,要做大企业增加实力,以及打造国民品牌,这一切都要靠人才,无论是科技人才还是管理人才,营销人才还是财务人才,而人才需要向社会吸纳,需要国家教育系统的有力支持。可以说,未来中国乡镇企业的发展成功与否,很大程度上取决于社会培养什么样的人才。目前,乡镇企业发展急需以下人才:

（1）具有大专以上文化水平的管理决策人才,为企业发展出谋献策;

（2）具有过硬专业技能的各类应用型专业技术人才,他们是企业的核心力量;

（3）具有适应国际国内市场需要的经营人才;

（4）具备基础技能素质修养的大量技术工人。

可以说,乡镇企业的发展对人才的需要是多层次、全方位的。从研究生、本科生、专科生、中专生到普通技术工人都有需求。且无论哪个层级的人才都必须以应用型为主,拒绝"只有文凭没有能力"的千人一面的大众人才。因为效率是乡镇企业能否存活的关键因素,真正的人才要能为企业带来实实在在的价值,要保证乡镇企业在激烈的竞争中生存下来、发展起来,为我国的农村工业化持续发展贡献活力。

2. 农村工业需要技术型实用人才

学历只是一个方面,乡镇企业更需要的是实用型专门技术人才。大部分毕业生争取留在城市发展已经成为社会的普遍现象。一方面,由于现在的高校培养的人才普遍存在价值观单一、以追求短期利益为目标,缺乏长远的理想情怀。另一方面,大学生接受的教育更多的是专业基本理论知识,实践能力有限,特别是针对具体的领域和岗位,他们往往比较陌生,进入企业后需要一定的时间学习与适应。而乡镇企业往往规模小,利润周期短,没有培养人才的能力,甚至留给新人培训的时间也十分有限,他们更希望大学生已经具备了相应的知识和能力,来到企业就能够独当一面。另外,由于乡镇企业业务项目相对单一和具体,相对于理论能力扎实的大学生,他们更需要实用型的技术人才,最好"拿来就用",能够解决具体的问题。由此可见,现在的高校毕业生与乡镇企业对人才的需要存在很明显的错位。

### 3. 农村企业对人才的接纳能力有限

农村企业对大学生的接纳能力也相对有限,而很多高校毕业生也表现出与农村建设"水土不服"的现象。比如,乡村社会固有的模式会更倾向于沿袭传统的、现有的生产方式,行事风格相对保守和谨慎,而大学生的想法则相对更理想化,企业常常会觉得现在的大学生眼高手低、不接地气。而大学生到了乡村企业又觉得学非所用、不被重视,职业发展迷茫。有不少乡镇企业抱怨,现在的大学生来就业,首先关心的不是自己能为企业带来多少价值,而是更"爱讲条件",他们常常觉得自己是大学生就理所应当地拿到高薪水,却无视自己空有文凭,并不能给企业带来多少利润,因此乡镇企业表示"我们不想养闲人"。

整体而言,乡镇企业在用人策略上注重效益,他们需要明确个人在企业能做什么,能带来多少收益,创造多少价值,而大多数刚毕业的大学生并不具备这样的素质。尽管他们具备较好的综合素质,但是实践能力有待提高,也就是说现在高校系统培养的大学生普遍与社会需要有所错位,尤其在乡镇企业很难"落地生根"。有不少乡镇企业对大学生的普遍认识是"心浮气躁""不踏实工作却跳槽频繁",于是逐渐出现职高、中专的毕业生更受乡镇企业的欢迎,大学生却往往被乡镇企业拒之门外。索性有些大学毕业后因为无法就业,又回头考技校学技术。

### 4. 职业培训必不可少

职业培训是我国乡镇企业的发展中一项重要的内容。我国的乡镇企业不仅仅需要高校培养的管理人才、技校中专等培养的实用型技术人才,除此之外,乡镇企业还需要紧紧围绕企业现实需要开展职工培训,通过邀请高校教师或科技人员举办技术讲座,或进行技术攻关,实实在在地帮助企业解决当下面临的问题。与正规的教育系统不同，职工培训形式更加灵活，手段也更为多样，针对的对象更是全面彻底。它面向所有的企业家、专业技术骨干、一般技术人员、普通职工等所有的乡镇企业的从业人员。通过为农村的中小企业提供管理和技术方面的指导，及时地帮助这些中小企业克服发展中遇到的困难，从而起到促进农村企业持续、稳定发展的重要作用。

### 二、现代农村对乡村教育的要求

（一）优化教育系统的分工机制

我国的农村正在经历着有史以来最为显著的变革。除了农村的工业化进程令世界瞩目之外，我国现代农村在农业、教育以及精神文明建设方面都正在或已经发生了诸多变化。这也意味着对乡村教育提出了更高的要求。就乡镇企业的发展而言，它体现为企业对人才需求和人才培养的错位是乡村教育专业设置的主要问题，也是教育系统整体结构不清晰的表现。由于高校培养人才的目标过于集中，教育结构设置与社会的实际需求不一致，导致我国高校毕业生不能与乡村社会需要进行直接接轨，致使企业和人才双方都处于尴尬境地。从高校的角度看，我国的高校容易追求"大而全"的发展模式，在人才培养上追求整体素质，而忽略个性能力的培养，特别突出的是重理论而轻实践。我们的大学生往往理论知识合格但对实践却一片茫然，而我们的高校教育更重视"教"而轻于"学"，更忽视了"用"，学生空有理论知识却在社会的实践生产实践中难以落地。这其中更为突出的是专科院校，本来应该重视专业技能培养的专科院校，却偏要模仿本科高校的模式，不仅失去了自身的培养特色，而且让专科生更加失去竞争力。因为专科生的理论知识不如本科扎实，动手能力又不如中专或者高职生，使大量的专科毕业生就业难度增大。因此，教育系统应该重新优化结构设置，更加明确本科、专科、高职、技校、中专等不同系统的人才培养分工，使每个系统的培养方向清晰，各有特点，共同搭建起完备的人才培养计划，满足社会的实际需求。

### （二）改善现有师资状况

还有一些比较突出的问题是教师缺乏实践经验,例如有些高职的教师自身就缺乏实践能力,或没有实践背景。而高职培养的人才就是以实践能力为重,符合企业的实际需求,对企业的实际生产活动有较强的认识。而现实情况确实"双师型"教师少之又少,大部分高职学校的教师理论水平高,但实践经验少,甚至实践能力相当薄弱,学校的实践基地设施也不健全,离高职发展的宗旨相距甚远,这种情况下培养出的学生很难达到社会满意。

### （三）改变教材滞后或脱离实际需要的状况

在人才培养的专业设置上也应该从实际需要出发,从时代特征出发,根据当前的具体发展需要,及时调整专业的设置,从教育结构上进行整顿和优化。杜绝教材严重滞后、教材选用的随意性大等现象。比如,多数省份使用的是全国统编教材,或选用普通专科教材或本科教材的"压缩本",无视本地的地方经济特色,也无视地方社会对人才的需要,从教育端就轻视社会实际需求的现象应该坚决避免。

### （四）适应现代农村的现阶段需要

乡村教育无论从形式上还是内容上都应该及时调整,以适应现代农村对教育和人才的需要。所培养的人才要有针对性和实用性,特别是要考虑到农村发展的实际需要。乡村教育的发展目标要多样化,提供职业性和技能性的课程,以符合乡村教育的内在逻辑,适应乡村环境和社会需求。避免农村发展需要实实在在的实干人才,而非专家学者型的理论派"知识分子",那既是对人才的浪费,也不符合企业的实际需要,影响企业的进一步发展。教育应该是面向社会、适应社会、服务于社会的发展需要。努力为农村企业培养高级技术人员,毕业生应该是具有较强的适应能力和解决实际问题能力的实用型人才。

### （五）促进现代农村的进一步发展

农村企业的早期发展主要得益于时代的发展机遇,以及创始人或创始团队的胆识与魄力、勤奋与拼搏。但是这些企业的一代开创者往往并没有受过良好的教育,尽管他们可以创办企业,但是接下来企业能否持续获得发展与壮大还是一个未知数。因此,为了促进农村企业的进一步发展,需要有大量的人才注入,这是摆在乡村教育面前最为紧迫的任务。目前的高校毕业生来到农村企业大多数是作为管理岗位或者领导工作,但实际上这些大学生虽然接受了一定的管理知识训练,但是对农村企业缺乏真实的体察,于是很多时候都有些空中楼阁的味道,不能满足农村却对人才的要求。

因此,我们的乡村教育迫切需要革新,面对当下绝大多数的乡镇企业在生存之后谋求发展的需要,应该培养出一大批在企业现有发展水平的基础上,帮助企业再上一层楼的人才。这既是企业的需要,也是国家进行农村振兴的需要,符合建设有中国特点的现代化农村的发展战略。

# 第三节 现代农民与乡村教育

与西方一些发达国家相比,我国农民的文化程度普遍较低。法国7%以上的农民具有大学文凭,日本为5.9%,根据国家统计局的官方信息,截至2016年,我国从事农业生产经营人口为3.1亿,其中具有大专及以上文凭的仅为1.2%。由于农业的特殊性,我国的农民长期以来都以从事务农活动为生活生存方式。所接受的教育以义务教育为主,较少涉及高等教育、职业培训和其他技能的再教育。另一方面,农村地区的经济较落后、意识观念陈旧,也是制约农民提高受教育程度的原因。因此,长期来看我国的农民距离现代农民还有一定的差距。

## 一、现代农民的发展现状

由于受教育水平的有限,导致我国农民在新时期的社会生产建设中表现出很大的局限性,这不仅影响着农民群体的发展,也制约着我国对农村、农业的快速发展,乃至影响着整个社会的协调发展。农业人口在我国的人口总量中占据着很大的比重,因此农民的整体文化素质水平对我国的持续发展将发挥举足轻重的作用。就目前看来,现代农民面临着以下几方面的问题。

（一）科学种植技能偏低

现代农业的发展实质是先进科学技术在农业领域广泛应用的过程。与以往不同，现代农民需要掌握一定的现代农业科技知识，需要学会使用先进的农业技术和装备，还需要具有一定的经营管理意识和能力，才能真正有效地推进我国现代农业的发展进程。我国农村社会在长期以来都延续着传统种植方式，即主要依靠先辈流传下的经验和习惯进行种植生产，因此，农民的观念、技术生活方式形成一个非常自洽的体系，一方面，农民自身很难跳出来发现问题，另一方面对体系外的新鲜事物有一定的防御机制。这也是农村、农业和农民发展相对较为缓慢的一个重要原因。然而现代化发展是社会发展的必然趋势，有些发展较快的地区已经完全实现了机械化甚至智能化的农业种植，从播种、生长培育、浇灌、防虫害到采摘收割一条龙完全可以由机械完成。但是对于大部分农民而言，还并没有适应农业的现代化发展，大部分农民没有受过系统的、正规的农业技术教育。他们想要改变生产方式，但是一方面不具备基本的科学基础知识，另一方面，我国针对农民的技术培训系统还有待完善。而发达国家比如日本，其农村劳动力中受过职业培训的比例在70%以上。

（二）经营管理素质偏低

改革开放以来，农民作为生产经营者也踊跃地参与到激烈的市场竞争中来，其中有不少农民通过生产、创业、经营等方式创造了大量的财富，或者创立知名的品牌，成为媒体争相报道的致富神话、农民企业家。然而这样的成功者毕竟属于凤毛麟角，绝大多数农民还是受文化知识所限，在经营管理上常常只能止步于家庭作坊。农民的经营管理素质与农业现代化建设的要求还存在较大差距，具体表现如下：

（1）经营知识匮乏，难以打开市场。仅能依靠最朴素的经营方式和组织方式，大部分农民心有余而力不足，参与市场的能力不足，只能游离在市场经济的主流之外边缘化生存，经营的层次低、规模小，靠低水平竞争维持且很难打开局面。

（2）产业结构仅局限于农业内部，发展水平较低。

（3）品牌意识差，这体现在既没有意识建立自己的品牌，也没有意识不侵犯别人的品牌。

（4）生产技术水平低,很难标准化生产,随意性较强,生产经营表现为极不稳定。

（5）缺乏长远的发展规划,急于求成,更在意眼前利益,以短视行为为主。

（三）思想素质水平偏低

我国农民在适应市场经济方面存在着明显的缺陷和不足。具体表现在以下几方面:

（1）墨守成规,因循守旧。在农民的思想观念里对传统有着执拗的信念,传统能够给他们提供极深的安全感,因此农民不敢也不愿意脱离传统的生产方式,害怕承担风险,对新事物保持谨慎态度。

（2）格局小,浓厚的自给自足观念。轻易满足,小富即安,缺乏开拓进取精神,缺乏合作精神,缺乏创新意识。

（3）视野局限于左邻右舍,缺乏争世界一流的精神,缺乏动力。

（4）缺乏自信,习惯于较低的自我要求。

（四）农业市场化推进缓慢

长期以来,我国农民参与市场的主要方式局限于小农经济,比如自己生产什么就销售什么,而不是市场需要什么我去生产什么。长期因循着多产多销、少产不销的消极应对模式,缺乏自主创新意识和冒险精神。市场打不开,生产上不来,因此仅仅局限于现有的生产能力和地域局限,再加上农业生产周期长、转产慢,易受气候和季节等自然因素的影响,因此农产品的生产经营常常造成市场价格的剧烈波动,更加大了农业生产的风险。还有就是跟风、从众现象严重,缺乏市场判断力。由此可见,农民的文化素质较低已经成为制约我国农村经济社会发展的主要障碍。因此,培养和造就现代农民,使之成为现代农村的建设主体,是我国乡村振兴发展的重要任务,也是乡村教育的面临的一项艰巨使命。

（五）科学技术应用推广迟缓

科学技术是推动社会进步和经济增长的第一推动力。农村的发展也同样离不开对科学技术应用的推广，但是，科技的研究开发和掌握应用均需要文化素质较高的劳动者。如果劳动者的素质低，将很难在农业生活和农村社会建设中推进科技知识和设备的应用。由于农民的思想观念有因循守旧的传统，导致农民对新技术、新成果、新信息反应迟钝，且不敢冒险。他们一贯的心态是等等看别人怎么做，而不是自己独立地思考和判断，抓住机遇和机会，选择适合市场或者适合自己生产经营的方向和目标。另一方面，如果多数人都去改产种植某种热门作物，剩下的农民的反应就是跟风模仿，缺乏独立思考和理智判断。正是由于农民思想观念这些陈旧的思想和脆弱的心理素质，导致农民在接受新技术、新品种和新机会的时候表现得相当迟缓。造成许多先进的农业技术成果和机械装备在推广应用时遇到很大的阻力和障碍。对风险缺乏理性的认识、对机遇缺乏足够的敏感无不跟农民的知识水平素质较低有关。

（六）破坏农业生态资源和环境

对风险和增长的双重盲目性，导致农民在生产实践中常常采取错误的方式。比如，由于对经济增长的盲目追求，农民们常常采取一系列缺乏组织和长期发展规划的不良行为，通过过度增加复种指数，或不当使用增产增收的药剂，都给农业的持续发展带来长期的损害。对土地的过度掠夺导致农业自然资源超前消耗，地力衰竭，加剧农业生产资源的破坏。水资源消耗过大，森林植被锐减，沙漠化面积不断扩大，土地边际产出效率不断下降等等。

## 二、现代农民对乡村教育的需求

（一）对自身的教育需求

随着社会的高速发展，农民中的年轻一代已经意识到自身的文化水平是限制其发展的核心因素。他们开始自觉主动地寻找机会提高自身的技能水平，有意愿提高自身的文化知识素养，希望通过提高文化与技术来提高生产水平和生活水平。他们越来越注重乡村教育的质量，关注接受乡村教育能否为他们带来实惠或效益。农民已经意识到有没有知识会直接影响着他们接受新技术的快慢和质量。在外界的客观环境和内在的自我要求的共同刺激下，使得现代的农民有了更强的求知欲，他们希望自己掌握一定的文化知识，希望能学到新技术。当他们看到身边有知识的人能更快地掌握新信息，获得更多的机会，获得较高收入时，他们产生通过获得知识而提高收入的愿望。但与此同时，也应该注意到，农民的这种学知识、学技术的积极性，主要是从自身的经济利益出发，他们要学"有用的"知识，要能很快从自己的收入水平中得到体现。

（二）对子女的教育需求

以往，农民的教育观念薄弱，他们对子女的教育预期较低，更重要的是能生产劳动，因为种植生产才是农民的本分。尽管有相当大一部分人将子女接受教育视为改变命运的唯一渠道，但农民的愿望同时也是务实的，朴素的。他们少有希望子女通过接受教育而出人头地的愿望，他们更多的是希望子女通过接受教育获得生活的本领和技能，且愿为此付出成本。新时代的农民在对子女的培养观念上也在悄然发生变化。他们自身已经尝到因没有文化而难以改变命运的苦，不希望自己的孩子再重复自己的一生。因此，他们关注乡村教育的质量，关心孩子的学习成绩和学习动力。很多农民节衣缩食、进城务工就是为了挣钱给孩子攒学费，尽管很辛苦但是为了孩子能成为有知识的人他们俯首甘为孺子牛。

（三）对教育形式的需求

除了青少年儿童在接受义务教育以外，还有很多的青年和成年农民也有接受职业培训的需要，这也是现代农民的一大进步。他们由于没能考上大学或者在读书时没有意识到知识的重要性，在进入社会后发现没有知识技能很难取得实质性的发展。但是，他们对成人高考之类的学习又动力不足，一是自学需要一定的基础，二是需要相当的自觉性，这对于大多数农民来讲是一个很大的挑战。更重要的是，这些成年农民的学习目的非常务实，他们中有不少人已经成家，因此他们学习的目的不是离开农村进入城市，而是能学到实用的技术技能，能够切实地帮助他们获得更多的机会和收入。他们更需要的是贴近日常生产与生活的技能培训，他们需要立足自身现状而进行提高，从而改善生活水平和、提高生活质量。由此可见，这样一批青年农民具有明确的学习目的，他们通过学习和成长或许可以成为农村建设的重要力量。

（四）对教育的性价比有要求

尽管我国的农村地区已经基本脱贫,但是很多农村居民仍然不算富裕,他们对教育有较为理性的需求。比如他们十分关注学校的教学质量,同时也关心收费的高低,以及能否学到实实在在的知识和技能,这些都是现代农民关心的教育话题。这其实是农民对于教育的一种进步观念,相比于城市居民,特别是一线城市的家长对孩子的教育投资不计成本,甚至常常是一种焦虑性消费。随着国家双减政策的落实,也许对城乡的教育差异会有一些积极的促进作用。也就是说,农民的教育观更为务实,他们并没有希望自己的孩子成龙成凤的不切实际的诉求,但是他们希望孩子接受教育后能够获得实实在在的生存技能。他们关注教育质量,也关注教育的结果,另外他们还关心学校的地理位置,比如如果学校离家不远,那么一方面可以降低求学成本,另外,学成后有更大的可能留在或回到家乡工作。

（五）进城务工农民的学习需要

除了留在家乡的农民对乡村教育有各种具体的需要以外,我国还有相当一部分进城务工的农民也有学习和提高的需要。尽管他们处于文化的弱势,但是仍然有勇气突破舒适圈去寻找更好的生存条件和发展的机会,这也是现代农民的进步体现。这些农民工从乡村走进城市,从事的往往都是比较低层次的体力劳动,工作辛苦收入不高。因此,他们之中有相当部分人急需学习一项具体实用的技术来提高收入、改变生活环境。与那些生活在乡村的农民相比,他们要学习的是适应城市生活需要的技能,比如家政、家电维修、月嫂等等。如果能掌握这些技能,他们可以继续留在城市里工作并获得更高的收入,也可以返乡自己创业,对建设和带动农村的相关行业也具有一定积极作用。

# 第四节　现代农业与乡村教育

## 一、现代农业的发展现状

### （一）现代农业的结构调整需要

#### 1.农业发展进入结构调整的阶段

近年,我国主要农产品生产能力得到了明显的提高,但是农民的增收却仍然较为困难。从经济结构理论来看,影响农民增产不增收的深层原因是农业经济结构不合理,这种不合理体现在市场上就是农产品供给结构不适应市场需求结构。例如生产规模小、组织程度低、二元结构束缚等,核心问题是知识、技术和人才问题。传统的农业劳动对农民的要求仅仅是身体健康、年富力强,只要因循长辈根据过往的经验总结出来的生产方法,掌握一些主要技能就完全可以胜任。而现代农业结构的调整则需要农民掌握一定科学知识和科学技术,还需要具备一定的视野,不能仅局限于自己的一亩三分地,它更多的是一种综合素质,对国家战略部署、国际形势、生态环境、相关的科技成果、经济发展规律等等都要有基本的辨别能力和分析能力,才能做出较为客观和理想的判断。农业的结构也从简单的种植、养殖发展成为集生态、产业化、高端科技、环保,甚至农业旅游、休闲娱乐等多元结构为一体的综合产业。

#### 2.结构调整对农民提出较高要求

在农业现代化进程中,农民所受的教育水平是农业增长缓慢的核心因素。国外的学者对农民的受教育水平和农业生产率之间的关系进行了研究,发现当今发达国家在农业转变或农业结构调整的过程中,极为重视对农民的教育,投入对农民文化科学知识和先进的农业技术的教育,是加快现代农业结构调整的重要因素,因为,农民站在农业生产的第一线,他们的思想意识和技术能力直接影响着农业生产率,他们也是进行农业结构调整的主体,提高农民的文化知识和技术水平,特别是提高中高级专门人才的数量和比例,将会有利于农业生产效率的提高,有利于推进农村现代化进程。

### 3. 农业结构调整需要专门人才

在农业结构调整的过程中,科技要素起到了举足轻重的作用。其实农业生产发展到一定程度,比拼的就是科技能力,或者说在农业结构的转型期,也是对高度专业化的技术提出要求的关键时期。这就要求农民从不仅要具备基本的文化知识,还要对自己的生产有较高的研究,掌握高水平的技术技能。比如近邻日本,他们的可耕作土地面积非常小,但是由于日本注重技术的研发和投入,并且重视向农民传授知识和培训,因此日本农民使用新知识和新技术的能力非常强,很多农民本身就是专家,其农业生产率自然得到了提高。

### 4. 农业结构调整需要综合人才

农业发展中,人是关键因素,农民的技能和知识水平决定了农业的发展程度。在农业结构调整的需求下,除了需要高新技术人才之外,还需要具有一定市场思维能力、掌握先进的农业知识、具有一定的创新意识和科学工作方法的农业企业家。他们是一群既有技术背景又懂得经验管理的综合人才。农业结构的调整需要大量的农民都达到中等知识水平,同时更需要一群高级的专门人才、善于经营管理的农业经营人才。因为,农业结构的很多调整都涉及决策能力,比如能够预判种植、养殖的品种、数量、规模,以及何时引进新作物、新品种,引进哪些品种、放弃哪些品种等等都需要综合的知识和判断能力。他们要懂得经营管理,掌握市场经济知识和经营管理知识。

### (二)现代农业的产业化经营方向

现代农业进行产业化经营已经成为趋势,这对提高农民生产效率有直接的帮助。因为,一些有市场竞争力的公司把分散的小农户与现代的大市场连接起来,让农户有了进入市场的流通渠道,这样农民只要专心做好自己擅长的事情比如种植、农产品初加工等等,而市场、物流、渠道、营销等等对于大多数农民来讲比较陌生的部分交给专业的公司来运营,这样大家各司其职、互相合作,从而形成产业化经营模式,提高了农业的综合效益和农民的收入。在推进农业产业化的过程中,需要扶持和发展龙头企业,以新型合作经济模式为依托,带动农民从事专业化生产,并逐步养成农民的合作意识,摆脱自给自足的封闭观念,并通过利益共享、风险共担的利益共同体形式实现增产增收。

并且,在进行农业产业化经营的同时,对农业结构调整也有一定的促进作用,使千家万户的个体小农户不断融入市场的运营体系,并跟随市场的节拍和需求调整生产活动。使原本松散的、弱势的个体农户生产活动逐渐纳入整个产业结构的供需逻辑中,从而实现提高生产率、增加收入的目的。在这个过程中也会不断提高农民的组织化程度,不断推进现代农业产业化发展。

（三）现代生态农业的初步发展

生态农业是从保护生态系统的高度,要求现代农业在发展过程中要因循生态规律进行农事活动,在追求增产的同时不能过度开发利用资源,更不能破坏资源,实现生态系统的良性循环是现代农业发展的一个主要议题。生态农业的重点内容之一,是积极推进科学技术,引进适当的科技手段使农业实现现代化生产和生态化生产。发展生态农业需要农业资金的大笔投入,建设生态农业基础设施和生产设施等硬件设施,但重中之重是培养掌握生态科技的高级人才,生态农业的核心是科学技术,应以科技创新、技术进步为着力点,坚持发展高科技,加大科技创新力度,大力发展规模化、集约化、设施化的高科技农业,以及产加销一体化的市场农业和高度开放的外向型生态农业。因此必须培养高级的专门人才,在乡村教育的战略部署中,要把发展生态科学和农业工程科学重视起来。

## 二、现代农业对乡村教育的需求

（一）农业结构调整对乡村教育的需求

农业结构的调整是一项庞大的系统工程,它对现代农民提出了很多具体的要求。需要我国农民从自然耕种逐渐发展成为掌握科学知识和技术、营销知识、管理知识和创新意识的现代农民。而这一切是建立在乡村教育的基础之上实现的。乡村教育在这个过程中肩负着重要的使命,它不仅要针对当前社会的发展趋势对农民进行全面的综合素质教育,同时还要切合实际需求完成具体明确的能力培养和训练,从农业结构调整的角度看,具体包括以下几个方面:

首先，要培养农民掌握先进的农业生产技能，了解新品种的特性，对新的生产方法和新的农用技术要保持开放的态度和敏感的意识。可以定期举行相关的职业技能培训，邀请专家和研究人员普及最新的农业相关的生产技术，帮助农民解决在生产中遇到的实际问题，提高农民的生产效率。

其次，在农业结构调整的大背景下，还要求农民自身具有捕捉生产信息和市场机会的眼光，要有辨别时机并适时增产或减产的决断能力，这实质上是一种农业企业家的能力，是一种较强的综合能力的体现。乡村教育中要加强培养市场型人才和营销型人才的比重。

最后，要培养具有农业经营管理能力的人才，要有能够启动资金并进行有效配置的实业家，他们具有了解市场"游戏规则"和对环境准确判断的能力。农业结构调整不仅需要科技人才，还非常需要具有营销能力和市场开拓能力的高级人才。

（二）农业产业化经营对乡村教育的需求

农业产业化是农业经营方式的一场革命，对农村劳动者的素质和人才结构提出非常高的要求。它除了要求农民的综合素质要不断提高以外，还要进行专业化、科技化、多样化的人才培养，才能保证产业化经营的效率和效益。从经营过程来看，经营过程的效率取决于经营者的决策能力、营销能力和管理能力，需要经营者具有较高的科学文化素质和经营管理才能。从农业产业化经营的角度看，对经营人才有特别高的需求，因此，在今后的乡村教育中要加强这方面的培养力度。

农业产业化经营过程中的企业生产，需要较高的科学技术含量，需要经营者能及时有效地引进先进技术。这就需要经营者具备一定的技术，能够以市场为导向开拓产品市场。作为农业产业化经营者需要对国内外的经济市场保持敏感，能够准确地判断市场风向，并及时进行布局和调整。这对我们的乡村教育提出了非常高的要求，要努力培养一批既懂科技又会经营的高层次、高素质人才，只有这样才能肩负起农业产业化经营的重任，才能充分利用资源和投入，进行有效的经营。

要实现农业产业化经营做强做大，还需要培养一批具有国内甚至国际农产品市场营销能力的人才，这首先要求他们要有开阔的国际视野，要善于借助国际营销网络，积极开拓海外市场，让我国优秀的农产品走向世界。一些发达国家农业产业化经营方面已经发展得十分成熟。以美国为例,从产值结构看,美国的食品产业体系中农业生产占25%,加工占33%,而销售却高达42%。可见行销能力有多么重要。农业产业化经营实质上是市场化农业,将农户、经营企业主与国内甚至海外市场联系在一起,因此需要培养一批高级的市场营销人才。

我国发展农业产业化经营,应该在充分利用国内市场体系的基础上培养和挖掘市场营销人才,积极寻找海内外市场。在农业产业化经营中,突出表现为对管理人才和营销人才的巨大需求。我国实现农业产业化经营,需要提高农民队伍的高级专业人才的比例。毫无疑问,随着中国农业产业化经营的深入发展,必将对乡村教育提出巨大的需求。

(三)现代生态农业对乡村教育的需求

首先,生态农业的实现,需要培养掌握生态科技的人才,更需要培养绝大多数农民都具有生态意识和环保观念。在我国大多数农村地区,伴随着经济和人均收入增长的,还有日益严重的环境问题,乱砍滥伐、过度耕种、滥用农药等都和人们缺乏生态意识和环保观念有关。因此,我们的乡村教育首先要做的就是对所有参与农业生产活动的人进行生态环保的知识普及,从生态发展的角度提高整体农民的素质和意识。

其次,在有了环保意识之后,还要掌握具体的生态基础知识。农业生态是一个需要长期维护和努力的事业,它需要培养生产者理解这些知识背后的原理和逻辑,真正认识到生态是关系到每个人以及我们的后代的生存条件的大事。这需要我们的乡村教育要涉及非常具体的农事生产环节,比如农作物的播种、施肥、灌水、喷药及收获等各环节都和生态息息相关。其中,种植业生产控制包括农业使用种类、浓度、时间及残留量等,肥料施用的种类、数量时间及施用方式等等。

最后,生态农业也需要高层次的专业管理人才。一些发达国家的生态农业起步较早,其主要原因就是注重人力资源的储备与培养,注重对农民的教育培训,注重培养农业高级人才。从生态农业发展的角度看,应积极发展科学技术教育事业,提高农民的科技知识的比例,同时,择优培养一批高层次的管理人才,使他们成为生态农业发展的带头人。通过乡村教育不断挖掘和培养具有影响力和感染力的管理型人才,能够带动农民逐步自觉地发展生态农业生产,提高他们对生态农业的接受性,改变落后的价值观和狭隘视角,将生态农业的意识和技术不断深化到每个农户的思想观念之中。

总之,乡村教育需要适应现代生态农业的发展需要,从思想观念到科学知识,从对所有人的全面普及教育,到对高级管理人才的选拔和培养,这些都是现代农业发展对乡村教育提出的新的需求。

# 第五章　乡村学校教育课程资源的开发与建设研究

随着政府与社会对乡村教育关注度与重视度的提升,有关乡村教育改革的工作正如火如荼地进行着,但乡村教育改革的计划与设想要有课程资源的支持才能变成现实。因此,在乡村学校教育课程改革中,积极有效地开发课程资源已成为一个焦点。本章着重对乡村学校教育课程资源的开发与建设展开研究,主要内容包括乡村教育的主要内容、乡村教育教学改革以及乡村教育课程资源的开发。

## 第一节　乡村教育的主要内容

在乡村教育系统中,乡村教育内容是不可或缺的重要组成因素,是居于核心地位的要素,其对乡村教育目标的实现乃至乡村建设质量都有重要影响。根植于乡村地区的乡村教育主要面向的对象是乡民及其子女,其服务于乡村社会发展。乡村教育具有区域性,主要包括三大内容板块,分别是乡村基础教育内容、乡村职业教育内容和乡村成人教育内容。

### 一、乡村基础教育内容

（一）乡村基础教育的概念

乡村基础教育是师生在乡村从事的基础教育事业,其指向范围界定为户籍属于县城以下的乡村,是留守乡村从事农业或以农业为主、牧业为辅或外出打工人员的子女在乡及村级的教育机构接受的基础教育。[①]在乡村教育系统中,乡村基础教育发挥着重要的奠基性功能,从根本上保证了乡村适龄儿童享受义务教育权利,促进了乡村青少年儿童的发展,并推动了乡村社会建设与乡村人口素质水平的提高。

（二）乡村基础教育内容的类型

按照不同的分类方式,可以将乡村基础教育内容划分为不同的类型,下面主要从形态、功能和谱系三个维度进行分类。

1. 按形态进行分类

以乡村基础教育内容的呈现形态为依据,可以将其划分为两种类型。

（1）教科书形态内容

书面材料中那些国家课程标准规定学生必须掌握的基本知识与技能就是教科书形态内容。教科书形态内容既有优点,也有缺陷,见表5-1。

表5-1　教科书形态内容的优缺点

| 教科书形态内容 | |
| --- | --- |
| 优点 | （1）准确的教育目标定位<br>（2）结构编排有较强的逻辑性<br>（3）内容科学<br>（4）为学生学习提供便利<br>（5）可明确评价教学效果等 |
| 缺点 | 真实的乡村生活情境过于抽象和书面化,缺乏多样性,而且生动性和鲜活性也不足,使学生在学习这部分教育内容时无法产生深刻的情感体验 |

（2）活动设计形态内容

学生应该形成什么样的思维方式,养成什么样的行事习惯,这在国家课程标准中有明确的要求,教师依据这些要求而设计的那些能够使学生以体验的方式所掌握的内容就是活动设计形态内容。这种内容形式在三级课程（国家、地方和学校）中都占有一定的比例,是基础教育课程改革中所重点强调的一类基础教育内容。乡村基础教育也以此为突破

---

① 李森,崔友兴.社会变迁中的乡村教育[M].福州:福建教育出版社,2017:162.

口而将自身的教育内容资源优势展现出来。

在活动设计形态内容的教育中，对教科书的依赖性并不强，而强调教师从乡村实际出发而设计与策划基础教育活动，使学生通过亲身参与、深入体验而获得感悟。

2. 按功能进行分类

为乡村青少年儿童健康成长、全面发展奠定坚实基础，为乡村社会发展打好基础，这是乡村基础教育多元功能中的一个核心功能。要发挥乡村教育的功能，就要将乡村基础教育内容作为重要载体。从乡村基础教育的功能出发，可将基础教育内容划分为两种类型，见表 5-2。

表 5-2　乡村基础教育内容按功能分类 [①]

| 按功能分类 | 次生类别 | |
|---|---|---|
| 社会发展促进类内容 | 新型文化引领类 | 基于国家课程标准，根据城乡社会发展的实际情况，开发符合时代要求的基础教育内容，如将社会主义核心价值观或"互联网 +"等新文化融入乡村学校教育内容和社会发展实践活动中 |
| | 乡土文化传承与保护类 | 乡土传统节日、传统习俗等 |
| | 新型生产理念、方式与技术传播类 | 乡土传统手工艺等相关内容等 |
| 学生成长促进类内容 | 文明习惯与学习、生活方式养成类 | 立足国家课程标准，通过国家课程的乡土化来达成相应教育目的 |
| | 学习方式与思维发展类 | 设置与乡土自然情况相关的研究性课程 |

3. 按谱系进行分类

以乡村基础教育内容的不同谱系为依据，可将其划分为下列两种类型。

（1）学科类内容

对乡村教育资源进行挖掘、开发及利用，在学科基础知识的基础上将所开发的资源充实到学科内容中，在学科教学中融入乡村生产生活的元素。然而，因为受学科结构内容局限的影响，学科类乡村基础教育内容的范畴不够广阔，只有较少的专门性乡村教育资源才能被整合运用到学科教学中。

---

① 李森，崔友兴.社会变迁中的乡村教育 [M].福州：福建教育出版社，2017：161.

（2）跨学科类、综合类内容

这类乡村基础教育内容具有鲜明的跨学科性，这主要表现在教育内容中的一些重要概念、重要观点以及表现形态等方面。这类基础教育内容中有些部分具有地方特色和校本色彩，这些特色化内容资源涉及某一或某几个知识点，将他们穿插在教育内容结构中，可以最大化地利用本土教育资源，这也能够拓展乡村基础教育内容的范畴，不管是国家课程标准所涉及的内容，还是乡村教育资源，都包含其中。

## 二、乡村职业教育内容

### （一）乡村职业教育的概念

乡村职业教育，是以乡村知识和技能为基础，结合现代化农业和相关产业的知识与技能为主要授课内容，旨在为乡村经济发展培养实践人才（主要是第一产业技能突出的人才）和提供后备人才，为提高乡村生产力发挥自身优势的教育形式。[①]

我国是世界闻名的农业大国，乡村职业教育在我国职业教育体系中占据重要地位。我国大力发展乡村职业教育，旨在使"三农"问题从根本上得到解决，推动乡村经济发展，为实现乡村振兴的战略目标和加快新型城镇化建设提供重要的智力支持，而要实现这些目标，就要不断丰富与完善乡村职业教育内容。

在乡村振兴和新型城镇化建设的大环境下，基于对城乡二元结构这一社会现状的考虑，可将乡村职业教育的重点确定为促进乡民生产技能的提升和促进农业技术的推广和运用。乡村职业教育内容广泛，只要对促进乡村社会经济发展、提高乡民文化素质及收入水平有积极作用的职业教育内容都可纳入乡村职业教育内容范畴中。例如，对转移乡村剩余劳动力有利的培训内容可纳入乡村职业教育内容体系中，这部分内容有助于提高乡村人力资源的利用率，促进乡村就业和乡村经济发展。

---

① 李森，张鸿翼. 当代中国乡村教育研究 [M]. 广州：广东教育出版社，2018：87.

（二）乡村职业教育内容的功能

### 1. 提升乡村学生的职业素养

随着现代科技的快速发展及其在社会上的广泛应用,社会各个领域的变化可谓是翻天覆地,这客观上要求社会从业者要有更高的文化素质和更好的综合能力,如此才能适应社会科技化发展的趋向,成为社会真正需要的人才。对此,不管是企业人才,还是科研人才,都要既掌握理论知识,又具备专业能力,理论与实践并重,提升综合素质。这也对乡村职业教育提出了更高更严格的要求,要求对学生的理论素养、实践操作能力、职业素养及创新素质进行全面培养。加强乡村职业教育不仅是社会发展的需求,也是新型城镇化建设的需求,在城镇化建设中,要有效转移剩余劳动力,就必须通过职业教育而促进学生职业素养的提升,这是劳动力转移的根本前提,乡村职业教育应主动承担起这份重任,发挥自身的优势与功能。

乡村学生是未来进城务工的主力,如果他们没有好的职业素养,是很难在城市落脚的,因此在乡村职业教育中要不断开发与完善教育内容,加强对学生职业意识和职业技能的培养。学生在有关职业问题上的一系列心理活动总称为职业意识,学生未来就业的心态、方式及结果在很大程度上受到其职业意识的影响。有的乡村职业教育内容中缺少培养学生职业意识的内容,只注重对学生职业技能的培养,其实职业意识在某种程度上比职业技能还要重要。良好的职业意识是学生主动学习与掌握职业技能的基础与前提。有利于提升学生职业意识的教育内容应该在乡村职业教育内容结构中占较大的比例。

在乡村职业教育实践中完善职业教育内容,就要对不同工作性质和工作环境下的工作人员的工作特点进行研究,将有关职业素养的现代道德观念、知识与技能有的放矢地展示给学生,使学生对现代职业的性质和工作状态有真实的了解,从而提高学生适应不同工作的能力。通过乡村职业教育,要促进学生对职业素养相关知识的掌握,帮助学生将职业心态调整好,为其以后进城务工从事职业工作、应对职业挑战等打好基础。

## 2. 为城镇化建设中非农产业的发展培养专门人才

在社会主义现代化建设背景下,要想加快推进新型城镇化建设,发展第二产业和第三产业是稳定推进城镇化建设的重要任务,能够为城镇化建设提供良好的支撑。发展第二、三产业能提供就业机会,而城镇化建设中非常重要一点就是提供充足稳定的就业岗位。非农产业发展是我国推动新型城镇化建设的主要原因,也可以说城镇化是非农产业集聚的结果。要推动新型城镇化建设,就必须发展第二、三产业,提供就业岗位,使村民进入城镇后从农业劳动者转变为非农劳动者。

当前,将进城务工人员的就业问题解决好是我国新型城镇化建设的第一要务。而要解决乡民进城后的就业问题,就要加强对青少年学生及成年村民的专业技能的培养,只有至少掌握了一项专业技能,才有可能顺利就业。因此,要大力发展乡村职业教育,使学生树立正确的就业观,掌握专业知识与专业技能,为其将来进入城市后从事非农产业工作奠定基础。学生只有拥有一技之长,才能获得更多的就业机会。

总之,在新型城镇化建设中,通过乡村职业教育培养非农产业人才,为学生将来进入城市从事稳定的工作、提高生活质量、享受城市福利等奠定良好的基础条件。

## 3. 为现代农业发展培养专业人才

随着乡村社会经济的不断发展、工业化进程的加快以及信息化建设越来越受重视,乡村农业的现代化水平不断提高,各地持续推进现代农业发展。现代科技的进步及其在农业领域的应用大大提高了农业生产力水平,乡村现代农业经济呈现出知识密集型、技术密集型的趋势,劳动密集型的特征逐渐暗淡,大量的智力因素融入农业生产过程中,从而对乡民的农业技术水平和综合素质都提出了较高的要求,农业的现代化发展迫切需要培养优秀的农业专门化人才。

在现代农业的发展中,农业科技发挥着举足轻重的作用,而应用农业科技进行生产操作的主体是广大村民,村民对农业新技术的掌握水平、应用能力对乡村农业经济的发展及整个乡村社会的发展具有重要影响。如果村民能够熟练运用农业新技术,能够在农业生产中将自己掌握的农业知识和农业技术充分运用起来,并能主动学习农业新技术,借鉴农业新成果,则将为乡村带来可观的农业经济效益。相反,如果村民思想落后，观念保守，排斥新技术，对新技术的应用能力差，则将阻碍农业技术在乡村的推广，阻碍乡村经济发展，同时也对国家农业科技的进步造成制约。乡村职业教育内容具有培养新型农业人才的功能，从而为促进乡村农业生产模式的更新、农业新技术在乡村的充分运用以及乡民享受农业科技成果而提供人才支撑，最终推动乡村经济发展，改善乡村生活质量。

### 三、乡村成人教育内容

（一）乡村成人教育的概念

对乡村成年人进行的思想政治、科学文化、技术技能等方面的教育就是乡村成人教育，也被称为"村民教育"，它是乡村教育的重要内容之一。在乡村振兴战略的实施中，不断强调要提高乡民的文化素养，并将此作为新农村建设的首要任务。完成这一任务必然离不开乡村成人教育，不断更新与完善乡村成人教育内容，使乡民"有文化、讲文明、懂技术、会经营"，使其在乡村振兴中做出自己的贡献。[①]

（二）乡村成人教育内容的范畴

乡村成人教育内容的范畴主要包括下列四个方面。

1. 扫盲教育内容

扫盲教育是乡村成人教育的重要组成部分，识字教育是传统扫盲教育的主要内容。随着新农村建设水平的提高和乡村社会的不断发展，乡村扫盲教育在识字教育的基础上有了新的补充，如新知识教育、新文化教育、新技术教育、信息技术教育等，内容更为丰富、先进、完善。

乡村成人扫盲教育的对象主要是乡村知识水平低的成年人，在扫盲教育中不仅要教他们识字，还要将现代农业新知识、新技术介绍给他们，使其在具备阅读能力的基础上对农业新知识与新技术有正确的理解与充分的掌握，并能运用于实践中，提高农业生产力，进而提高生活水平。

---

① 陈锟.中国乡村教育战略[M].北京：中共中央党校出版社，2006：90.

2. 文化教育内容

新农村建设的主要力量是广大村民,他们服务于新农村建设,同时也受益于新农村建设,享受新农村建设的成果。培育文明乡风是社会主义新农村建设中的一个关键突破口,而要在新农村建设中形成文明的乡风,首先要有一批文明的村民。乡村社会中很多淳朴自然的民风民俗一直流传至今,为了继续传承和弘扬这些具有道德情感的淳朴乡风,避免它们受到外来消极思想观念的冲击,应该在乡村成人教育加强文化教育、道德教育,将相关知识融入成人教育内容中,发挥价值导向的作用。如对乡民进行社会主义核心价值观教育,在乡村振兴中宣扬"以德兴乡"的价值观。

在乡村精神文明建设中,成人教育内容尤其是文化价值观教育能够起到"治本"的作用,培育文明的村民。村民都希望自己家乡的乡风文明,并自觉学习,亲身践行,为建设文明家乡而努力。乡村成人教育是培育文明村民的重要方式,在实践中应该修建图书阅览室,成立文化活动中心,从而面向全体人员进行乡村文化知识的普及,组织乡民开展健康的集体文化活动,弘扬现代文明,使乡村人民切身感受现代文明的春风。此外,在丰富多样的文化教育活动中还要宣传与弘扬"诚信守法、尊老爱幼、遵守公德、开放进取、艰苦创业"等美德,从而培育与社会主义核心价值观相符的新型乡风。

3. 老年教育内容

随着社会主义老龄化进程的加快,社会各界越来越关注老年人的相关话题,如老年人的身心健康、充实老年人的余暇时间、使老年人安度晚年等。相对来说,城市老年人的余暇生活比乡村老年人更丰富一些,乡村有些老年人的子女不在身边,他们的健康与生活问题很受社会关注。对此,应重视乡村老年教育,为乡村老年人营造良好的乡村生活环境。

乡村老年教育内容应以养生保健和休闲运动为主,同时增加一些艺术欣赏、花草种植的内容,以此来丰富老年人的日常生活,满足他们的精神需求,使其健康水平、生活质量都得到提高,这对建设社会主义新农村和社会主义精神文明也具有重要意义。

此外,鉴于乡村留守儿童较多的现状,可以将隔代教育的内容纳入乡村老人教育内容体系中,这样既能够使老年人老有所学,精神生活更充足,也能够使老年人正确引导和教育留守儿童,为留守儿童的健康成长提供良好的环境。

### 4. 妇女教育内容

妇女在乡村人口中占很大的比例,随着乡村妇女地位的提升,其影响力也越来越大。乡村地区的婚姻家庭生活质量直接受乡村妇女素质的影响,乡村老人的赡养问题和青少年的教育问题也受到妇女素质的影响,最终整个乡村社会的发展都受到妇女素质的影响。受历史传统、社会环境等多方面影响,我国乡村妇女群体的文化素质普遍不高,思想观念较为落后。对此,要结合新农村建设而改善乡村妇女的文化生活环境,在乡村成人教育内容中纳入乡村妇女身心健康、法律法规、婚恋教育和人口教育等方面的知识,增强其社会责任感和道德感,充实其精神生活,有效提升其综合素质。此外,要充分结合时代特色和现实需要,设置适应市场需求的家政服务业、餐饮业、手工编织等方面的培训内容,从而帮助乡村妇女顺利就业。

### (三)乡村成人教育内容的特性

#### 1. 时代性

新农村建设是一个全面的工程,包含农村政治、经济、文化、社会等多方面的建设,具有鲜明的时代性。乡村成人教育在新农村建设中发挥着重要的作用,时代性是乡村成人教育内容的一个重要特征。

例如,在新型城镇化建设和城乡统筹发展中,乡村社会面临的价值冲击非常大,很容易受到不良社会现象的影响,因此迫切需要在乡村成人教育内容中适时增加社会主义核心价值观内容。再如,现代信息技术飞速发展,信息技术教育应该纳入乡村成人教育内容中。乡村成人教育的内容要顺应时代发展潮流而不断更新,凸显时代特性。

#### 2. 通俗性

乡村成人教育具有广泛的惠及面,而且通俗性特征鲜明,如乡村成人教育内容既有针对文盲人群的扫盲教育,针对妇女的妇女教育,针对老年人的老年教育,还有乡村文化教育、信息技术教育等,针对不同人群实施对应的教育内容,惠及所有乡村成年人。同时,乡村成人教育内容是根据乡村成人群体的身心发展特点而选取的,源于乡村,通俗易懂,可谓"量身定做",反映了教育内容的通俗性。

### 3.多样性

我国广大村民由于受教育程度、知识结构参差不齐,所以对教育内容的需求也各有差异。例如,留在乡村务农的村民希望学习现代农业知识与技术,提高农业生产率;部分青年人希望接受文化教育,进入城市高校或在非农岗位就业;还有一些中青年人希望参加非农技能培训,掌握一门技术,以便于外出务工或经商。可见,乡村成人教育的内容丰富多样。

### 4.实用性

乡村成年人的学习以问题导向为主,有很强的目的性,学习内容与现实生活密切联系。村民学习或参与培训主要是为了将所学知识与技术运用到生产生活中,解决生产生活中的问题或解决就业问题。因此,乡村成人教育内容讲求实用性和操作性,切实为村民生产生活而服务。[①]

## 第二节　乡村教育教学改革

### 一、乡村基础教育教学改革

（一）新课程改革下乡村基础教育教学改革

1.新课程改革对乡村基础教育教学改革的作用

乡村基础教育改革以课程改革为核心。新课程改革的实施推动了我国乡村基础教育教学的改革,促进了乡村基础教育的发展。下面具体分析新课程改革对乡村基础教育教学改革的作用与意义。

---

① 李森,崔友兴.社会变迁中的乡村教育[M].福州:福建教育出版社,2017:164.

（1）使乡村学校的办学方向进一步明确

关于乡村基础教育的目标，理论界长期以来一直都存在着不同的看法。新课程改革强调义务教育应使全国城乡适龄儿童都受到基本的、为终生发展奠定基础的教育，是着眼于提高国民素质、为学生成为合格公民打好基础的教育。这一理念明确了乡村教育的办学方向，也确保了乡村学生享有同城市学生相同的受教育权利，体现了教育公平。

（2）转变了乡村教育观念

乡村学校教学存在片面追求升学率、教师素质较差、课程资源短缺、教学方式落后等问题，从而严重影响了学生身心发展。新课程倡导以学生为中心，倡导学生主动学习、乐于思考、积极探究，强调学生学会学习，培养学生的独立性和自主性。这改变了乡村教育教学中长期以来存在的以教师和教材为中心，忽视学生主体性的局面，提升了学生的学习兴趣和学习自主性，同时也使适龄儿童的入学率得到提高，辍学率得以降低。

（3）促进了乡村教师专业发展

教师是实施课程改革和取得改革成果的内在动力。我国新课程改革与大规模教师培训几乎同时展开，教育部在师资建设这个问题上明确提出先培训后上岗的原则，各地在新课程实施之前开展大规模的教师培训就是为了更好地实施新课程。大规模、全方位、高水平的教师培养大大促进了乡村教师专业发展，提升了乡村教师的业务能力。

（4）使乡村新课程改革受到关注

新课程改革赋予了地方一定的课程自主权，地方课程方案的制订、课程开发与实施、教材选用等都要求地方教育部门、专家、校长、教师等多方参与。为此，各地制定了一系列课程政策，吸收本地大批教师和专家参与课程决策，促进了新的课程管理体制的形成。通过新课程改革，不管是国家还是地方，都十分关注乡村教育的特殊问题，在很多方面对乡村学校教学给予了关注与重视，为乡村课程实施、教师培训等提供了专业支持。[①]

① 王嘉毅，赵志纯. 我国农村基础教育课程改革：问题与对策 [J]. 教育研究，2010, 31（11）：25-30.

## 2.新课程改革背景下推动乡村基础教育教学改革的策略

新课程改革促进了乡村基础教育的改革与发展。但城乡二元结构及乡村教育长期以来的落后局面对乡村基础教学改革造成了很大的影响,需要给予重视。在新课程改革背景下我们应从下列几方面来加强对乡村基础教育教学的改革。

（1）开发适应乡村实际的教材

教材是教师教学和学生学习的重要依据。乡村基础教育中采用的教材偏城市化,一些内容脱离了乡村学生的生活实际,导致学生学习时比较吃力。另外,现行很多教材的使用对学校教学条件或对学生、教师甚至是学生家长提出了较高的要求,如有些教材内容要求学生在网络环境中学习,有些作业要求家长和学生共同完成,有些内容需要在良好的教学环境下才能实施,而这些对于一些经济落后的乡村学校来说是不现实的。因此,当前应积极组织力量开发一些适合乡村中小学实际的教材,这些教材既要达到课程标准的质量要求,保证乡村教育教学质量,又要方便乡村师生使用,贴近乡村实际,以增强这些教材对乡村学校和学生的适应性。

（2）科学构建乡村课程资源体系

乡村基础教育领域中"核心素养"的引入为乡村基础教育的变革提供了良好的契机。城乡学校的自然资源、地方文化、社会传统等都存在差异,对此有必要建立乡村与城市"和而不同"的多样化现代教育景观。① 对此,应在保护乡土文化,并对其进行开发和利用的基础上引进核心素养等基础教育改革理念,构建集传统优势与现代价值于一身的乡村课程资源体系,具体从下列几方面落实。

第一,将以"核心素养"为中心的基础教育改革理念融入乡土教材,提升乡土教材的现代价值。

第二,将乡村传统优良价值观嵌入中小学课程,培养中小学生的乡土认同感,为乡村基础教育改革寻"根"。

第三,将现代技术融入乡村文明建设中,实现乡村传统优势与现代价值的有机融合,并将其体现在乡村教育教学中。

---

① 汤颖,邬志辉.新时期农村基础教育改革的困境与路径[J].当代教育与文化,2019,11（3）：58-63.

（3）加强对乡村学校新课程改革的专业支持

成为乡村中小学校课程改革的支持系统的单位有教研系统、高等师范院校、综合类高校、教材出版部门以及发达城市的重点中小学等，在各大支持系统中，教育科研部门发挥的作用极其重要。教育科研部门要支持乡村中小学课程改革，为此，要对自身的教研制度、教研工作方式进行改进与完善，将中小学课程改革作为教研工作重心，对基础教育中的重大问题予以关注和重视，必要时成立专题小组对普遍性问题或严重问题展开专门研究。教研部门工作人员应深入乡村，了解乡村基础教育的现实困境与问题，对成功的教学经验进行推广，在不断改革与实践中推动乡村基础教育发展。在具体工作开展中，对于与课程改革方向不符的工作方式，教研部门要及时改进，要积极引导乡村学校自主进行课程改革，而不是一味下发指令，提高乡村学校教育工作者参与改革的自主性与积极性。

除了教研系统外，还要充分调动其他支持系统的力量，将其作用充分发挥出来，制定符合乡村基础教育现状的改革政策，采取科学而操作性强的改革措施，将有效提高乡村基础教学课程改革的成效。

（二）乡村留守儿童教育改革

当前，乡村留守儿童的健康和教育问题深受社会关注。由于没有父母的陪伴，再加上乡村老人的文化知识水平普遍较低，乡村留守儿童的家庭教育处于缺失状态，这严重影响了这些儿童的身心健康，也造成了一些人身安全问题和社会问题。解决留守儿童的健康与教育问题是建设新农村和建设和谐社会的必然要求。下面具体分析我国乡村留守儿童的基础教育问题及有效改革策略。

1.我国乡村留守儿童教育存在的问题

（1）入学率相对较低

我国乡村留守儿童的监护以隔代监护为主，即大多是由祖父母或外祖父母监护。隔代监护下的留守儿童虽然基本生活需求可以得到满足，但教育问题常常被忽视，适龄儿童的入学率相对较低，基础教育阶段也有一些留守儿童辍学，这个问题需要引起重视。

（2）心理健康问题较为普遍

留守儿童与父母的接触时间较少，缺乏交流，他们的同伴也有很多是留守儿童,缺少情感寄托,长期如此,导致一些儿童心理出现了问题,如排斥外界,敏感自卑,孤独抑郁,甚至有自杀或报复社会的倾向,这对留守儿童的一生和对社会来说都是危险信号。

（3）学习成绩普遍较差

乡村基础教育普遍存在经费短缺、设施不足、师资落后等问题,这是乡村学校教学环境差的主要原因,恶劣的教学环境直接影响了留守儿童的学习成绩。此外,一些留守儿童的学习意识不强,对文化学习和基础教育的重要性缺乏认识,学习较为被动,日常学习中遇到问题也不向教师请教,而其监护人又没有能力为其答疑解惑,久而久之,他们的学习进度就落后了,学习成绩也一蹶不振。

2. 解决留守儿童教育问题的建议

作为乡村社会的弱势群体,留守儿童缺乏关爱,学校要充分发挥自己的职能,解决学生的教育问题,尊重学生,关爱学生,保证他们受教育的权利,成为留守儿童学习与生活中的引路人。下面提出几个解决留守儿童教育问题的建议。

（1）加大教育投入力度

政府部门要加大对乡村基础教育的资金投入力度,提供政策支持,加强对乡村基础教育资源的优化,加大管理力度,促进乡村中小学办学条件的改善,为留守儿童提供优良的成长与学习环境。地方政府应集中力量和充分运用优势资源而构建乡村基础教育管理服务模式,为乡村留守儿童的健康成长、快乐学习及高质量生活而服务。

（2）重视素质教育

乡村留守儿童的教育,不仅包括课堂上的文化知识学习,还包括丰富多彩的课外活动,包括德育、体育、美育等,这些是素质教育的重要组成部分。乡村基础教育要树立素质教育理念,关注留守儿童的全面健康与发展。因此,学校除了关注他们的文化学习成绩外,更要重视对其内心精神世界的引导,注重心理教育和道德教育,多开展一些课外活动,鼓励留守儿童积极参与,培养他们的兴趣,提升他们的自信心和社交能力,使他们能够积极乐观地学习、成长,度过充实而愉快的童年时光。

（3）加强心理健康教育

鉴于乡村留守儿童的心理问题普遍存在且比较严重,学校要特别重视对留守儿童进行心理健康教育,开设专门的心理健康课程,向学生提供心理咨询服务,并加大对心理健康知识、安全知识的宣传与普及,使留守儿童认识到心理健康的重要性,使其正视自己的心理问题,配合教师解决心理问题,塑造健康心理,从而健康成长。

(4)加强学校寄宿管理

乡村留守儿童中有些儿童居住条件较差,家与学校之间距离遥远,再加上交通不便利,如遇恶劣天气,这些孩子在路途中会面临着安全问题,从而严重影响了这些留守儿童正常上学,影响了他们上学的积极性。对此,学校要从自身条件出发为这些儿童提供住宿,为他们创建良好的住宿环境,同时加强寄宿管理,帮助学生解决宿舍生活中遇到的问题,给他们以温暖和关怀,提升其归属感。

农村留守儿童在我国青少年儿童中占到一定的比例,他们是较为特殊的青少年儿童,是处于弱势地位的群体。这一特殊群体的健康问题、成长问题、教育问题引起了社会的极大关注,解决这些问题不仅需要乡村社会的努力,需要教育部门的努力,也需要广大家庭和政府的全面努力,集中学校、家庭、政府和社会的力量而共同为乡村留守儿童的健康成长、全面教育创建良好的环境,这是构建社会主义新农村和社会主义和谐社会建设的必然要求。

## 二、乡村职业教育教学改革

### (一)乡村职业教育改革的困境

#### 1.传统观念根深蒂固

受各种因素影响,人们较重理论教育、轻实践锻炼,重学历、轻实践技能。乡村地区很多家长认为中职毕业生将来在就业择业、工资待遇、社会地位等方面与普通初中毕业生没有太大区别,不应该浪费财力去读职业学校。职业教育发展的关键驱动因素是社会的大力支持,只有得到社会认可,人们才有机会在工作岗位上展现自己通过职业教育所习得的技能,现阶段社会认可度低是乡村职业教育发展的一大难题,也给乡村职业教育改革造成了诸多困境,表现如下:

第一,吸引力低,招生难且质量差;

第二,专业设置不合理,机制僵化;

第三,基础设施落后,缺少教学实训基地,学生实践能力差,达不到用人单位的要求；

第四,师资队伍整体素质不高。

### 2. 办学目标不明确

办学目标是办好教育的先决条件,是一切教育工作的中心问题。要想发展乡村职业教育,首先应该明确办学目标,这对乡村职业教育的办学方向有直接的决定性影响。当前,我国许多乡村职业学校的办学定位和办学目标尚未明确或不够准确,结果不仅没有为当地脱贫致富做出贡献,反而造成了经济负担。

此外,受"离农""弃农""脱农"等错误观念的影响,一些职业学校办学存在功利化、形式化倾向,为了眼前的成绩和升学率而不注重学生本身的发展,甚至一些职业学校的教育内容应试化,脱离了职业教育的轨道,专业设置没有与农业现代化的需求准确对接,专业特色不明显。

### 3. 法律制度不健全

随着时代的进步和社会的发展,乡村职业教育发展不再是单纯的教育问题,它已经成为乡村社会经济发展的一个重要组成部分,事关乡村和国家经济的发展。专门的法律、法规是乡村职业教育健康、持续发展的有力保障。但目前我国乡村职业教育法律制度不健全,政策没有实效性,乡村职业教育缺乏有力的法律保障。

在乡村振兴战略实施中,乡村职业教育发挥着至关重要的作用。但我国职业教育法律条件还不够成熟,远远落后于发达国家,只有少数几部法律涉及农村职业教育,只是简单规定了学校开展职业教育的义务,没有细化具体措施,更没有相关法规执行监督机制,相关部门也没有对其进行修改与完善,有关职业教育专门的法律、法规依然严重缺失。[①]

### (二)乡村职业教育改革的出路

### 1. 转变传统观念

要改变社会传统观念,就必须加强舆论宣传,加强政府干预,实行教育改革,提高社会对乡村职业教育的认同感。

---

① 李森,崔友兴.社会变迁中的乡村教育[M].福州:福建教育出版社,2017:171.

（1）舆论宣传

通过报纸、广播、电视、网络等方式,大力宣传乡村职业学校毕业生就业的有利形势,提高学生和家长对乡村职业教育的认识,在社会上营造有利于乡村职业教育发展的舆论氛围,利用舆论的力量来促进乡村职业教育的发展。

（2）政府干预

政府部门从"以人为本"的角度审视乡村职业教育,规范就业市场,健全劳动制度,为职业学生的就业开辟"绿色通道"。此外,对从事农业类产业的毕业生实行帮扶政策,在土地、资金、技术等方面予以支持,拓宽其就业渠道,促进现代农业发展。

（3）教育改革

学校要解决学生毕业后的去向问题,职业教育中心成立"学生升学指导委员会",充分了解市场需求,建立人才需求预测分析机制,为学生提供就业咨询服务,并向相关单位引荐优秀人才。

2. 明确办学目标

乡村职业学校的办学目标是提高乡村劳动力素质,开发乡村人力资源。在乡村振兴战略下,乡村职业教育肩负重任。职业学校要清楚自己的职责与使命,明确办学目标,努力发展职业教育。同时,各级政府部门要积极贯彻党的政策方针,并通过奖励机制鼓励乡村职业院校在正确目标的指引下调整办学方向,大力改革和发展职业教育。

3. 健全法律与政策

完善乡村职业教育法律法规,地方政府可参照《中华人民共和国职业教育法》（以下简称《职业教育法》）进一步细化乡村职业教育的相关法律。同时,完善地方法律监督机制,在各级职教中心内部建立专门监督、反馈的部门,监督地方政府和下级职教中心对地方政策的执行情况,并反馈各级职教中心的发展需求,为国家、地方制定有关政策提供依据。[①] 政府统筹兼顾,积极贯彻落实城乡统筹发展的方针政策,进一步统筹城乡职业教育资源,使优质教育资源得到科学、合理的分配。同

---

① 　马宽斌,黄丽丽.乡村振兴战略:农村职业教育改革与发展新动能 [J].成人教育,2020,40（2）:47-51.

时,构建城乡统筹教育机制,建立城乡统一的管理体系,实现城乡优质资源共享,确保城乡职业教育协调发展。

### 三、乡村成人教育改革

#### (一)乡村成人教育的现状及问题

乡村成人教育作为国家成人教育的重要组成部分之一,从新中国成立到中国特色社会主义新时代,为农村建设、农业发展做出了重要贡献。目前,乡村成人教育较以往获得了更大的发展和进步,但仍然存在一些比较严重的问题,具体表现如下。

**1. 政府不够重视**

现阶段,我国政府高度重视学前教育、义务教育、职业教育、高等教育等阶段性教育教学,根据《教育法》制定适合各地的法规政策,确保做好这些教育工作,为各地社会性事业注入活力,尽力为国家培养优秀备用人才。但是政府对成人教育尤其是乡村成人教育的重视程度较低,乡村成人教育的政策法规不健全、不具体,许多乡村成人学校教学设施陈旧,教育资金不足,基础性配套缺失,直接导致乡村成人教育发展落后。

**2. 生源无保障**

乡村成人教育主要是针对具有从事农业生产劳动能力的劳动者所进行的持续性、终身性教育。当前常驻农村的劳动力大多数年龄结构老化,年龄大的老年人不愿意学习新知识、新技能,而中青年劳动力大都在城市务工,没时间返乡接受教育,而且女性劳动力因家务繁忙而无暇上课,这就导致许多农村成人教育学校招生不顺利,教育工作无法正常开展。

**3. 师资力量薄弱**

乡村成人教育的师资主要由返聘退休教师、借用的在职高校教师或借调的职业技术教育的教师构成,专门为乡村成人教育服务的专业性教师队伍几乎没有。师资力量的匮乏导致乡村成人教育至今没有形成一套较为完整、完善的体系,表现为教学大纲不明确,授课内容不全面,教学成果不明显,严重制约了乡村成人教育的发展。[①]

（二）乡村成人教育的改革与创新

认清现阶段我国乡村成人教育的现状与问题后,需从实际出发而探索具有针对性的改革举措,从而有效解决问题,促进乡村成人教育的发展,进一步实现乡村成人教育的目标。下面从三个方面提出乡村成人教育改革的举措与建议。

1.提高重视

（1）政府重视

乡村成人教育,应得到政府部门,尤其是基层政府和地方教育行政主管部门的重视,为了提高地方部门对乡村成人教育的重视程度,促进有关政策在各地的真正落实,可采取量化管理、绩效考核等方式来监督基层工作开展质量,使乡村成人教育相关制度的要求真正得以落实,通过成人教育而丰富村民的科学知识,使村民掌握一技之长,从事农业或非农业工作,促进乡村振兴与发展。

（2）社会关注

乡村成人教育,实际上也是乡村人力资源的继续教育和终身教育,是促进乡村劳动力综合素质提升的重要途径,其应该获得全社会的关注与支持。在社会上营造良好的成人教育、终身教育氛围,提高村民自觉参与继续教育的积极性,提升整个乡村人力资源的综合素质,进而提升乡村生产力水平和乡民的生活质量。

2.因地制宜、逐级管理

（1）因地制宜

不同地区乡村社会经济、教育等方面的发展情况是有差异的,各地政府部门应从本地乡村社会实际情况出发而对相应的成人教育政策进行制定,并督促落实,有针对性地开展成人教育工作,通过乡村成人教育切实解决乡村振兴中的人力资源问题,培养优秀的劳动力,带动乡村农业及其他特色产业发展。

---

① 杨鹏.乡村振兴战略背景下农村成人教育发展与改革创新[J].中国成人教育,2018（14）：158-160.

（2）逐级管理

乡村成人教育管理应以"垂直管理"为主，即自上而下逐级管理，其优点是便于各级部门对乡村成人教育实际情况及时而准确地予以掌握，然后根据掌握的信息进行有针对性的指导和管理，科学规划，稳步实施，快速解决乡村成人教育的问题，提高管理效率和成效。

### 3. 改善教育条件

（1）合理安排教育内容

不同区域的乡村在农业产业的发展规划上各有特色，各地的农作物品种也各有差异，这与各地的气候条件、地理位置等自然因素有关。要通过开展乡村成人教育而促进乡村农业发展，就要根据各地农业产业的特点、现状来安排成人教育课程内容，结合农业产业发展的需求而授课，从而更好地达到预期目标。

（2）优化硬件条件

乡村成人教育的质量直接受成人教育教学条件的影响，为提高教育效率和教育质量，有必要对成人教育教学的硬件条件加以改进与完善，如教室的选址要合理，进行现代化设计，配备先进教学器材设备，采用科学而多元的教学手段，建立实验基地，提供实践教学平台。

（3）优化师资队伍

乡村成人教育工作者的素质与能力直接影响教育质量，因此要重视对专业师资队伍的建设与优化，提高师资水平，充分发挥优秀师资力量的作用。对此，乡村地区应重视引进农业科技相关学科的专业教师，或安排长期位于农业劳动一线的杰出人才来进行授课，并合理优化师资结构，注重对年富力强的中青年教师的培养。

# 第三节　乡村教育课程资源的开发

## 一、乡村教育课程资源落后的现状

### （一）硬件方面

虽然从政策层面来看，城乡学校布局和硬件资源配置基本贯彻了城乡公平的原则,但乡村教育的硬件资源条件依然比较差,具体表现如下。

第一,一些地方由于学校布局调整过快,致使一些比较小规模的学校兼并,中小学校班级数、班额数锐减引发了乡村学生进城上学的现象,而一些没有能力进城学习的弱势群体开始质疑教育机会的公平性,城乡教育布局不均衡。

第二,国家启动实施义务教育阶段学校标准化建设项目工程以来,城乡办学条件的差距逐渐缩小,但并未完全消除,现有差距主要表现在校舍功能、教学仪器设备等部分指标方面。此外,乡村学校的音体美器材配备达标率较低,体育运动场馆面积较小,学校语音室、微机室、卫生室等建设滞后,与城市学校还有一定差距。

第三,乡村学校标准化设施的运用存在诸多问题,如多媒体教室投影仪更换、教学电脑更新换代、体育器材的维修等,这些消耗性教学用品增加了学校的经济压力,学校标准化建设不是最终目的,让先进教学设备得到充分利用和发挥最大价值才是更重要的,只有有效利用好学校现代化教学设备,才能推动乡村教育的发展。

(二)软件方面

软件教育资源也是"教育的软实力",主要包括"办学理念、办学目标、办学特色、管理制度、师资水平"等。[①] 目前,乡村学校的软件教育资源水平与城市还存在明显的差距,突出表现在师资水平上,主要问题如下。

第一,乡村小学教师老龄化、学历低、能力差的问题严重。

第二,乡镇初中学校师资力量不足,特别是音乐、体育、美术等学科教师。偏远农村中学由于师资力量严重不足,存在一师兼职两个学科的现象,直接影响了教学的专业性和教学质量。

第三,乡村教师教学观念落后,教学专业技能水平有限,缺乏专业成长通道,一些老教师仅凭经验来教学,致使教学质量严重下降。

---

① 王会平.统筹城乡教育改革,推进中小学优质教育教学资源的乡村共享力度[J].吉林省教育学院学报,2019,35(5):1-5+62.

## 二、乡村教育课程资源开发的问题

（一）学校开发意识淡薄

当前，乡村学校教师在课程资源开发方面的意识不够强，只有少数教师涉猎了相关工作，且比较零散，不够系统，成果有限。学校整体上欠缺对课程资源进行开发的意识，校领导对此不够重视，造成这个现状的原因主要有以下几个方面。

1. 较少关注课程改革

受多方面因素的影响，乡村信息传播不够快捷，教育相关信息也比较闭塞，而且乡村学校鲜少有机会可以参与新课程改革实验，或被实验选中，这导致新课程改革在乡村学校受关注程度低，校领导和教师对新课程理念及相关问题了解甚少。

2. 课程设置尚不齐全

乡村学校主要依据课程标准和教学大纲而授课，课程设置遵守上级的统一规划，但依然以文化课为主，而音乐课、美术课、体育课等课程在一些偏远的乡村学校还未完全开展，学校一味强调学生的文化课成绩和升学率，忽视了其他课程资源的开发。

3. 乡村教育问题较多，无暇顾及课程资源开发

乡村教育教学存在诸多问题，如硬件设施落后，软件资源不足，教育观念落后，教学方法陈旧，等等。这些问题是乡村学校的普遍问题，也是校领导更为关注的问题，是学校工作计划中的重要事宜，而像课程资源开发这类工作尚未被纳入学校工作的议事日程，没有受到足够的重视，教育工作者对此无暇顾及。

（二）很多课程资源尚未得到有效开发利用

我国乡村地区拥有丰富而有特色的教育课程资源，尤其是自然教育资源、文化教育资源等具有乡土特征的教育资源尤为丰富，但这些资源很多都没有被开发出来，开发与利用率很低，大量闲置资源的教育价值被人忽视，以至于在教育教学中得不到重用。在我国现行课程教材中，

占主导地位的是城市教材,城市课程资源在乡村教育教学中占绝大部分的比例,而与乡村学生真实生活贴近的乡村素材的课程资源只占到少数比例,久而久之,乡土课程资源逐渐流失,乡村生活和乡土文化的传承也受到影响。

(三)开发方式单一

乡村教育课程资源的开发方式比较单一,除了主题活动、课堂渗透外,其他开发方式大多是一些非正式的教育方式,如日常经验积累、自发实践活动等,单一的开发方式限制了乡村教育课程资源开发的广度与深度,也限制了这类资源的充分利用。而乡村课程资源开发方式单一的主要原因是乡村教育工作者开发意识薄弱、开发能力不强及乡村学校教学条件有限等。

### 三、促进乡村教育课程资源开发与利用的建议

(一)提高乡村教育工作者的课程资源开发意识与能力

在传统教育观和课程观的影响下,很多教育工作者认为课程资源就是指教材、教学参考书、练习册等,课程资源观比较狭隘,这也对他们进行课程资源开发的意识造成了限制。由于教育工作者开发课程资源的意识薄弱,导致很多课程资源尤其是隐性课程资源得不到及时开发与充分利用,尚未得到开发的课程资源难以在教学中发挥自身价值。开发课程资源以促进教学质量提高为最终目的,以优化与完善教学内容、教学方式为直接目的,乡村教育工作者并没有真正认识到为何开发课程资源,简单地认为开发的目的是促进学生学习兴趣和感性认识能力的提高。认识不到位也对其进行课程资源开发的观念和意识造成了限制。

乡村教育工作者缺乏开发课程资源的意识,因此也缺乏这方面的行动,而少数参与课程资源开发实践的乡村教育工作者在能力上较为欠缺,所以开发的结果不尽如人意。

鉴于乡村教育工作者开发课程资源的意识薄弱,能力较差,因此要重视对乡村教育工作者的培训,针对乡村教师的实际情况而开展形式多样的、有较强针对性的且有现实意义的培训活动,为乡村年轻教师多提供进修与交流的机会与平台,并加强指导,使乡村教师树立科学的课程资源观,突破狭隘的观念局限,提升其课程资源开发的意识、积极性与

实践能力。

（二）建立城乡平等互动的教育体制

当前我国城乡教育水平的差距还比较大，体现在很多方面，其中课程资源的多少及其开发水平就是一个重要表现。相对来说，城市课程资源类型和数量更为丰富，城市教师开发课程资源的意识较高，能力较强，很多优秀的课程资源得到有效开发和充分利用，发挥了重要的价值，提升了城市教学质量，而乡村课程资源开发面临重重问题，对此，应加强教育机制的改革，对城乡平等互动的教育体制进行建立，从而在价值观念、经济及交流上为乡村课程资源的开发与利用提供多元保障。

1. 价值观念保障

建立城乡平等互动教育体制，能够使教育工作者意识到乡村课程资源同样具有像城市课程资源一样的育人价值，而且乡村课程资源有自己的特色与优势，其价值并不亚于城市课程资源，城乡课程资源的价值没有高低之分，都非常重要。

2. 经济保障

通过对城乡平等互动的教育体制进行制定，能够促进教育资源在城乡的公平分配，使乡村教育获得必要的经费支持，使村民因教育而承担的家庭压力有所减轻，使乡村课程资源开发得到政府稳定的充分的资金支持。此外，新型教育体制的建立还能够使更多的社会资本被吸纳到乡村教育中，从而在经济层面进一步保障乡村课程资源的顺利开发。

3. 交流保障

城乡平等互动的教育体制为乡村课程资源开发所提供的交流上的保障具体包含下列两方面的含义。

（1）师资交流

城乡平等互动教育体制的建立为城乡教师的沟通与交流提供了便利，乡村教师进城培训，开拓视野，学习城市教育课程资源开发的成功经验，这对教师自身的成长及乡村教育的发展都具有重要意义。

（2）信息资源交流

通过城乡教育互动，可使城乡共享教育资源，而涌入乡村的丰富信息资源进一步充实了乡村课程资源库，为乡村课程资源的开发与利用提供了更多的选择。

（三）创新乡村教育课程资源的开发方式

乡村教育教学方式直接影响课程资源的开发方式，要对优秀的课程资源进行深入开发与充分利用，就要加强对教育教学方式的改革，并有机整合教育教学方式和课程资源开发方式，同时从乡村学校教学条件、学生需求等客观实际出发而寻找乡村文化资源与乡村课程资源的结合点，重视对开发方式的拓展与创新，如以课程实施需求为依据而对"行政引领""政策驱动""校本中心""师本中心""典型示范""校际联合""城乡联合"等多元化的开发方式进行灵活选用。此外，为了对乡村课程资源的教育价值进行最大程度的挖掘，还要建构课程资源开发的配套系统，以支持开发工作的顺利开展。①

（四）创建网络环境，共享优质课程资源

资源共享是信息社会的一个重要特征，随着现代信息技术在教育领域的不断渗透，共享优质教育教学资源的现象越来越普遍。乡村学校要与城市共享国家优质教育资源，就要加大互联网建设力度，开启远程教育，创建信息化网络环境，建立开放性网络交流平台，为师生互动、教师互研、城乡统筹、共同提高而奠定良好的基础条件。乡村网络教学环境的创建，应与乡村网络全覆盖工程结合起来，建设数字化校园，提高乡村教育的数字化水平，这是城乡教育互动和教育公平化的要求。

---

① 罗建河，彭秀卿.试论新课程背景下乡村课程资源的开发与利用[J].天中学刊，2007（4）：24-27.

# 第六章　乡村学校师生发展研究

乡村学校的师生发展研究,是我国乡村教育振兴研究的重要组成部分。师生关系的状况直接影响着教育质量和学生的健康发展,同时,师生关系也对教师的教学效能和专业信念带来重要影响。因此,对师生关系的研究不仅仅关乎学生的发展,也关乎教师的发展以及整体乡村教育的发展。本章在探讨完善乡村学校师生关系的基础上,对乡村学校学生的发展以及乡村学校教师的培养等问题展开了阐述,希望在乡村教育发展场域下把我国的乡村学校师生关系进行较为透彻的梳理,并结合国外的研究成果和成功经验给出乡村学校师生发展的一些具体建议。

## 第一节　乡村学校师生关系的完善

### 一、传统型乡村学校师生关系

学校中,最重要的人际关系是师生关系,师生关系的质量直接影响着教学互动和教育质量。师生关系对学生的学习态度、学习成绩甚至心理健康和身体健康都有深远的影响。尤其是在乡村地区,由于家庭教育、课外兴趣培养等等方面都较为欠缺,因此学校是学生接受教育的主要场所,师生关系是影响学生接受教育和健康成长的最重要的关系,也是学生在家庭、家族之外发展社会关系的第一次尝试,这一切都与学校教师以及他们之间相互的关系息息相关。良好的师生关系是影响青少年儿童学习和成长的重要因素。在乡村教育振兴发展过程中,学校应鼓励教师积极发展新型的师生关系,加强互动,加强师生间的亲密和融洽程度。

传统的、最为常见的师生关系有"以教师为中心""以学生为中心""以教师为主导结合以学生为主体"几种。

（1）以教师为中心。这种观点强调教师的权威,忽视学生的积极性。认为在教育过程中,教师应该处于绝对的主导地位,学生应该绝对服从。

（2）以学生为中心。这种观点强调学生是教学活动的主体,应该充分尊重他们的特长、兴趣、学习的节奏等等个性特征。因此要全面而整体地考虑学生的成长和发展。

（3）教师主导、学生主体。这种观点是对前两种观点的整合和平衡,既肯定了教师的主导性,同时也尊重学生的主观能动性。

## 二、关怀型乡村学校师生关系

以美国教育哲学研究会主席内尔·诺丁斯为代表的关怀理论学派,在我国学界引起共鸣,在乡村教育研究和实践中也得到相当的拥护和推行。在关怀理论研究聚焦到乡村学校时,其中重点之一就是师生关系,它指出教师要给予学生最好的关怀。乡村教师对学生的关怀除了学习方面,还应该包括生活的方方面面。这是基于乡村的特殊情况对乡村教师提出的特殊要求。一是农民普遍受教育程度低,家长对孩子的教育能力有限;另一方面,很多家庭里年轻的父母都进城打工,孩子留给老人抚养,而老人对孩子的教养方式主要以生活照顾为主,在学习教育、价值观培养等方面都是不足的。因此,在这样的背景下,对乡村教师提出更多、更高的要求。

（一）关怀理论的基本观点

诺丁斯提出的关怀理论,是对传统型师生关系的一种纠偏,是对以教师为中心的师生关系的一种提升。这并非是说以教师为中心的师生关系中,教师没有关心学生,区别是教师给予的关心很大程度上是以教师为出发点,是"教师认为的"的关心,忽视或者轻视了学生的主观能动性和个性特征。学生很可能会对这种自上而下的、强加的"关心"不理解、不接受、不买账。这样的结果就是教师给予的关心并没有被学生接收到,而令教师的积极性受挫。同时学生需要的关心也无人问津,感觉不到自己被关心、被关怀,而产生失落。这种"关心"的错位,既是对教育资源的浪费,也会同时给师生带来消极影响。

关怀理论提出师生双方应该同时改变,它强调关怀是一种关系行为。教师应该以学生为主体,尝试从学生的角度出发,积极倾听和体察学生的需要和感受,给予的关怀应该是学生的实际需求,也符合他们的接受能力;与此同时,学生也应该积极回应教师,让关怀行为在双方的良性互动中积极展开,并产生真实有效的肯定与回应。这个关系中关怀行为的表达和反馈应当是对等的、完整的、在互动中进行的。诺丁斯指出,师生之间建立信任的关系非常重要,只有彼此的关系是建立在信任的基础上,才会产生真正的沟通,才能让有价值的信息在彼此之间流通。学生对教师敞开心扉、畅所欲言,这样教师才能有机会准确地了解学生的真实需要,并给予及时的指导、帮助和纠正。学生也才有可能得到与自身发展相适宜的关心和指导,从而能够顺利地学习和成长,在教师的指导下完成学习任务,不断挑战新的目标。

(二)关怀教育的四种方法

诺丁斯提出的关怀教育包含四个组成部分:榜样、对话、实践和认可。教师的教育不是下达命令和告诫的形式,更重要的是与学生建立一种彼此信任的关系,通过树立榜样、进行有效对话、不断地实践,从而获得认可。学生会在这一过程中潜移默化地体验、感受并将它内化为自己的方式。

1. 教师的榜样作用

榜样的作用常常容易被低估,甚至被忽略,然而树立良好的榜样其实是教师最基础的责任,也是建立积极师生关系的重要前提。中国传统的教育观念中早就有"身教胜过言传"的理念,这与诺丁斯关怀教育理论中对榜样的高度重视相一致。教师不仅要向学生明示所教授的内容,以及价值观、生活态度、行为规则等等,而且还要以身立教,通过自身的言行暗示其所教导的知识与理念,真正做到知行合一,给学生以完整统一的信念。教师的榜样作用不仅体现在道德上、知识上,也体现在人格的完整性。只有这样,对于学生而言,教师不仅仅是知识上的权威,也是令人尊敬的榜样,学生才能亲其师而信其道。

在鼓励榜样作用的同时,需要注意教师的榜样作用并非要苛求教师完美和无可挑刺,更不是要求教师刻意营造自己的高大形象。如果那样反而会适得其反,让学生敬而远之。它其实是要求教师自身要言行统一,用指导学生的价值观要求自己,内化为自己的一种生活方式,是对自己倡导和主张的价值观的自然而然地信守,这样才能真正成为学生的榜样。相反,如果是为了和学生建立和谐的关怀关系,而装出一种样子和姿态,则不会起到任何作用。总之,教师在教学实践中应该是积极、放松、愉悦、可亲近的状态,并且这一切都是自然而然的。

2. 对话的积极意义

关怀教育中的对话,并非是指简单的语言交流,而是关心双方共同追求理解、同情和欣赏的过程,是建立起一种和谐融洽、充满关心的人际关系的必然经过。"实践",是练习关心的技巧,从而实现双方相互的关心。"认可"过程是双方相互肯定,试图建立信任关系并进一步加强双方之间关心关系的过程。对话的提出,就意味着师生关系是交互的,而非单向输出,它要求在教学过程中,教师要建构交流的模式,让学生主动地参与到学习目的、学习内容的制定之中,激发学生的主动意识,提高学习热情。

这就是关怀理论视角下建构的教学观,学生与教师的关怀关系中形成学习新知识的兴趣和动力,养成可以终身受益的学习习惯。对话的另一层含义还包括,教师与学生之形成平等的、和谐的互动,能够无障碍地交流,形成这样一种融洽的氛围对于建立师生关系是非常重要的,它可以减少很多沟通的障碍,甚至避免不必要的关系内耗。试想一下,如果学生对教师不认可、不信任,教师对学生的感受和态度不关心、不重视,那么势必在师生之间形成一道无形的屏障,影响彼此进行积极互动,最终影响教学的质量,对师生都会带来负面的后果。因此,教师要努力营造良好的对话环境,倾听学生的真实需求,选择合理的需求给予满足,对不合理的需求要及时纠正,提供最适合学生成长和发展的支持。

3. 在实践中激活关系

诺丁斯认为,在师生关怀关系中,学生最基本的道德实践是保持对教师关怀行为的敏感性和反应力。事实上,学生对教师关怀行为的反馈,是对教师最大的肯定,它比社会或社区对教师的尊重和理解来得更为直接和有效力。否则,如果教师长期不能从学生那里得到正向的反馈或者回应,会因无法获得自我效能感而受挫并感到身心俱疲,这是需要特别注意的一点。学生需要教师的关怀毋庸置疑,但学生对教师关怀行为的感知、认可和回应对教师也很重要。

在师生之间形成积极健康的人际关系,防止消极影响是实践的方向。师生关系对于学生的影响毋庸置疑,因此教师需要承担其主导的责任,积极营造、创设关心性体系和关爱氛围,坚持以关心、尊重、责任、理解、信任、合作等伦理精神引导学生。同时还要注意学生才是教学活动的主体,教师在教学实践过程中发挥的是一种点播和穿针引线的作用,是教学活动的主导者但不能以主体自居,给学生提供支持和帮助,并建立起互信的关系,并激发学生的学习积极性和主动性。

### 4.认可是构建关怀关系的必要条件

师生关系中的认可是指双方都需要认可,不仅学生需要认可,教师也需要认可。认可是现实性和理想性的最佳结合点。诺丁斯把认可看作是一种评价,传统的评价方式要求教师割裂与学生的关怀联系,破坏了对学生整体性的认识,把某一方面的表现与其整体性发展割裂开来,将教师陷于两难境地。同样的,教师也需要来自学生的认可,学生对教师最好的认可就是对教师关怀的敏感反应。人需要社会和他人的认可,并且在这种评价中认识自我。教师对学生的认可可以概括为"发现学生的闪光点"。这是帮助学生建立积极的自我评价,获得自尊和自信的最好方式。教师应该认可学生的差异,关心他们不同的需要,给予学生最有力的支持。同时,教师也需要学生的认可,这种来自学生的及时认可是对教师关怀的回应和强化,是对教师关怀的最佳回馈。教师通过学生的认可获得对教学能力、专业水平和个人形象的肯定,从而具有更高的教学热情和自我提升动力,不断地完善自我和专业能力。并且,只有得到了学生的真正认可,教师才可能成为学生心目中的榜样,才能发挥榜样的作用,才能在师生之间建立起强烈的关怀关系。

### (三)关怀理论下的师生关系

### 1.师生是关系中的存在

关系性是关怀理论最本质的特征。诺丁斯不厌其烦地强调人存在的核心是"关系"。"我们一方面觉得可以自由做决定,一方面我们知道我们和亲密的人是不可取消地联系在一起的。这种联结,这种基本的关系,是我们存在的核心。""我的独立性是在一组关系中定义出来的,这就是我的基本现实。"诺丁斯深受存在主义哲学影响,坚信人有充分的自己自主选择,并且为自己的选择负责任,但是人的任何选择不可能脱离外部世界的影响,人在与他人、与外物的相互作用中发现自我并得以成长和发展。在人的成长过程中,师生之间是一种非常特殊而重要的关系。

首先,教师与学生是彼此依存为存在的,教师是因为学生的存在而存在,没有学生,也就没有教师;同理,没有教师,学也难以称其为学生,更加不可能有组织地展开学习。

其次,教师和学生都是活动的主体,通过他们在教学活动中开展互动与合作,才能让教学活动进行。学生提出学习的需求,教师提供学习的支持。同时,学生对教师的教学活动给出回应和反馈,教师根据反馈和认可,再次优化其教学工作。在彼此不断的交互实践中,双方主体不仅自身获得提高,同时也为对方提供宝贵的反馈与成长,形成良性循环。

### 2. 关怀是维系关系的基础

海德格尔将关心描述为人类的一种存在形式。诺丁斯则进一步表明关心意味着一种关系,它是两个人之间的一种基本连接。比如,两个人中,一人付出关心,另一人接受关心。正是这样一种极为简单朴素的连接,贯穿起生命最本质的部分,连接起那些真正重要的东西:激情、爱、尊重、态度、连续性和责任感。而关怀的情感则是人的道德基础。

对于教师而言,关怀意味着教育的理想。教师关怀学生意味着对学生要认真地倾听、观察和感受,接受他们传递的所有信息。教师的这种接受和关注是针对所有学生,而非仅仅关怀个别学生。教师要特别注意,不能对孩子的关怀中表现出特别关照或者关注。相反,教师要成为好的榜样,让学生明白每个人都有自己的兴趣和特长,每个人都值得被尊重。

对于学生而言,在被关怀的过程中要学会感受什么是关怀,学会感同身受地理解教师和其他人,懂得其他人和自己一样也希望被他人接受、理解、认可和一定的回应。学生在直接感受教师的关怀和自身践行关怀的过程中通过关怀自己慢慢学会关怀他人,进而培养关怀品质。

（四）关怀理论下的乡村师生关系

1. 乡村教师要树立正确的学生观

首先，学生是与教师人格平等的主体。教师要尊重人的成长发展规律，在教学实践中要针对学生的身心特点和年龄特征设计有针对性的学习任务，选择相适宜的教学内容和方法，在强调尊重学生个性的同时，满足学生多样性的需要。教学活动应该是有系统、有层次、有组织地进行，是一个动态的过程。让学生达到基本的素质能力水平的同时，积极发展个性，鼓励学生全面发展。使每一个学生都能基于自身的条件和特点获得良好的发展，而不是先设定一个发展样本，然后让每个学生都趋于同质化。

其次，教师和学生应该互相尊重。学会尊重别人才能拥有自尊和赢得尊重。在广大的乡村地区，往往具有浓重的传统文化的遗俗，比如长为尊、幼为卑的观念深入人心。那么作为乡村教师，就应该更加强调师生之间的平等和谐，引导学生建立更加开明的价值观和世界观。至少在学校的语境下，教师应当示范师生平等、互敬的关系模式，并逐渐帮助学生认同和内化为他们自觉的关系观念。

再次，需要强调尊重不是纵容，教师应该秉持关怀与严格并存。毕竟学生的思想尚未发育完全，他们的判断能力、自制力、观察能力、思考能力都还具有一定的局限性。因此教师应该像园丁一样，除了悉心培土、浇灌、施肥以外，当小树苗长歪了也要及时扶正，长出小权也要坚决修剪掉，这同样是教师的职责所在。对学生主体性的强调应该是辩证的，不是绝对的。

最后，乡村小学学生还会面临一些特殊问题。由于城市化发展迅速，城市需要大量的建设，很多农民外流打工争取获得更高的收入，于是有大量的乡村孩子成为留守儿童，被寄养在隔代家长或者亲戚家。由于在成长的关键时期缺乏完善的亲子教育，很容易出现各种心理问题。这已经被很多研究数据所证实，因此不容忽视，而且这种情况很难在短期得到改善，学生缺少家长的保护和疼爱，在寄宿期间容易感到孤独、无助，对父母的感情冷漠复杂。从对留守儿童心理状况的研究中发现，留守儿童存在自卑、焦虑、逆反心理，甚至会有对父母的怨恨心理等。这时候，教师的理解和抚慰、及时地疏导就显得格外重要。当教师不仅作为一个知识的权威而存在,而且对于这些留守儿童而言,他们还是一个关心自己、理解自己并支持自己的长辈,这对幼小的孩子是一个非常有力的心灵支撑。当然,这也是对乡村教师提出的一个重要挑战。

### 2. 乡村教师要树立的教师观

新型教师形象与传统教师形象的最大差别,就是摆脱了教师高高在上的单一且不真实的角色形象。新型的师生关系,强调的是师生之间构建平等的关怀关系。教师不是地位高于学生的权威,教师是形象全面的、立体的有血有肉的人,他们是为学生的学习成长的最强有力的支持者,同时,他们也需要来自学生的支持和回应。师生之间是彼此之间互相需要的平等关系。因此,尤其是在乡村学校中,要强调,教师并非站在关系中的强势地位,学生也不是关系中的弱势地位。学生对于教师的尊重、了解和认可对于教师来说是极大的激励,也是教师职业幸福感的源泉,更是牢固关怀型师生关系的重要标志。教师要坦然承认对于学生的需要,并且引导学生学会接受教师的关怀,以及学会如何反馈和关怀他人等。

### 3. 乡村师生关系的认知关怀

认知关怀是最基本的关怀,是对学生知识和技能的习得的关心,不仅表现在结果上,同时表现在过程中。关怀教育理论指出,教学过程是建构的,也就是说教学活动的实质是为学生的学习构建新的意义,而不只是知识的传承。教学评价不是用考试和分数来给学生定性和分级,而是促进学生的进一步发展,是学生需要根据自己现有的知识结构,判断接下来的学习目标和选择学习任务的参考,是确认"最近发展区"的有力手段。一般而言,教师和学生之间的关系越亲密、越融洽,学生越容易接受教师的指导和帮助,对教学内容也越感兴趣,师生互动有效性越强,同时,教师和学生的关系也会变得更加和谐。这一点在小学时期表现得尤为明显。

### 4. 乡村师生关系的情感关怀

这主要是针对乡村留守儿童为主的乡村学生,也是对他们的重要关怀。孩子成长的关键时期长期与家长分离,孩子会表现出对教师的较强的情感需求。乡村教师应该有意识地、及时、正确回应这些学生的需求。

一方面教师要积极主动地引导、疏导学生,另一方面要帮助学生学会自我调节,学会关怀他人。在这个过程中学生感受到教师的关怀,也能体会到他人和自己一样需要关怀,从而能够有效地接受、认可和回应教师的关怀。

5. 乡村师生关系的伦理关怀

伦理关怀是构建关怀型师生关系的最高层面。相较于出于本能的自然关怀而言,伦理关怀处于关怀的更高层次,驱使人们去关怀他人的是一种道德伦理的正义,而非凭借个人的意愿强烈与否。在师生关系中,它要求教师首先要有正确的关怀观念,当然学生也处于关怀关系中的重要位置,学生的参与是这段伦理关怀关系完整实现。之所以强调被关怀者对于关怀行为的接受、认可和回应完成,关怀伦理才算完成,是因为被关怀者并不是被动的一方,而是具有主体性的"动态个体",是变化发展着的个体。当然,这需要一个循序渐进的过程才能让学生真正理解。

(五)关怀型师生关系的特点

1. 人文性

诺丁斯的关怀教育理论,受到存在主义哲学以及人本主义心理学的影响。存在主义主张个人价值,张扬个性,重视主体自由。人本主义心理学主张以人为本,认为师生之间应该彼此关注、尊重分歧,超越差异。在教学实践中体现为淡化甚至取消统一的"标准",即所有的学生不可能遵循着一个发展路径,而应该寻找最适合他们成长的应对方法,让每个人的个性得到充分施展,并且都能得到发展。当然,这是一种较为理想化的、非常高的标准,但是诺丁斯的关怀理论无疑为乡村学校的师生关系构建指出了明确的方向。"一日为师,终身为父"这种观念,在我国乡村学校依然还很浓厚,乡村教师应该摆脱这种"高高在上"的威严感,教师与学生都是人格平等的主体。教师要从传统的知识传授者、知识权威的角色定位中走出,要成为一个鲜活的个体,有热情、有张力、有影响力的教师和榜样,既能帮助学生学习知识,又要促进学生的能力发展,激发学生的创造力和潜能,培养学生形成积极乐观的生活态度和价值观。

2. 主体间性

如果说个人不具有主体性,那么就不可能有主体之间的相互交往,更不会有主体间性的产生。个人作为主体,也是具有社会性的主体,总是生活在一定的社会关系中,总是和他人发生一定的社会关系。个人主体总是在与他人的交往中彰显自我的,不存在不与他人交往的个人主体。个人主体的相互作用、相互影响就形成了主体间性。主体间性的主要特征表现为,主体与主体之间"知彼知己",他们彼此承认他人和自我拥有相同的地位和权利,彼此人格平等,应该相互尊重,并且应共同遵守彼此认定的行为规范。关怀型师生关系,构建了一个完整的人与完整的人之间的对话的系统。也就是说教师不是高高在上的,学生也不是柔弱的无知孩童。教师是完整的个体,学生也是一个完整的个体,师生之间应平等地交流。在诺丁斯看来,关怀型的教师不会打着"为你好"的幌子压制学生,相反,他会耐心地以自己的关心为学生补给能量,允许学生以自己的生命节奏发展。同时,学生也因一个关怀他的长者而形成信任、支持和归属感。特别是对于乡村学校而言,教师与学生如果能建立起良好的关怀关系,学生对教师会形成强大的向心力,师生关系会更加牢固,学生对教师有尊敬、爱和依赖,同时教师也会被激发出更多的责任感和使命感。

3. 交互性

在关怀关系的建立过程中,被关心者的作用也同样不可忽视,诺丁斯指出,"只有被关心者接受、认知他人的关心并做出相应的反应时,关心关系才算建立起来。"如果关心以不被学生们接受的方式出现,那么它就不可能被学生接受,甚至会把关心误解为控制、管教等,起到相反的效果。其实教师在关心学生时,很重要的一步是多倾听学生们的心声,了解他们的需求和感受,同时也要鼓励学生主动和教师沟通,主动反馈,让教师与学生之间相互理解,相互关爱。学习从来都是相互参与的结果,学习的过程是师生共同学习、探讨、听取意见从而达到互相帮助、共同发展的过程。在这一过程中,教师扮演着引导者、发问者、点播者、组织者等等,而学生扮演着学习活动的主角,他们要主动思考,努力理解和解决问题,也要积极向教师求助、表达自己的困惑,学习感悟等等,因此,学生才是在师生交往、互动过程中的实际主体,整个的教学活动是依据他们的学习进程而发展的。相较于以往关怀教育过分强调教师的角色付出,关怀型师生关系表现为教师对学生的要求。学生不仅需要教师关怀,而且需要对教师的关怀做出回应。既然是关系就是双方共同建立的,关怀关系也不例外,它需要师生双方都要积极构建,一方面学生在教学实践中要能感受到教师的关系,另一方面学生也要建立关怀自我和关怀他人的观念,学会关怀他人,形成关心品质。

### 4. 连续性

关怀型师生关系并不是在短时间内就能建立和形成的,它是一个连续的过程。教师和学生相处的时间长度是关怀性关系成功构建的决定作用。首先,教师要全面地了解学生的情况需要一定的时间,在这样的前提下教师才有可能在适当的时候给学生提供关怀、安慰和引导等,而学生也需要一定的时间学会识别和理解教师的关心,也需要时间学习给教师以反馈。因此,教师与学生都需要一定的时间去发展和建立关怀关系,并且需要在多次回合后,他们的这种关系才能稳定。诺丁斯把师生之间的相处时间下限确定为三年,认为和谐互信的师生关怀关系至少需要三年以上的时间。在乡村学校,由于乡村环境的特殊性,他们可能就生活在同一个村落,可能还有某种族亲关系,因此师生之间的交往往往是超越课堂之外的。因此,乡村教师对学生的关怀可能会从课堂延展到学生的生活起居,这是构建关怀型师生关系的良好契机,教师可以全面地了解学生的方方面面,了解学生的家庭情况。

### 5. 情境性

一切关系都是动态的,关怀型的师生关系也是动态发展的。在关怀型的师生关系中,教师既要关怀学生,也要帮助学生发展关怀能力。学生作为被关怀者,应该首先学会给出回应,然后逐渐学习如何关心别人。在成熟的关怀关系中,双方是在关怀者和被关怀者之间不断地发展变化的,只有这样双方的关系才能处于良性互动之中,并非仅仅是教师关怀学生,而学生永远都是被关怀者。当然,在不同的教学情境下应辩证地理解这一关系。比如在乡村学校,教师在体能、思维和思想上处于强势地位,所以在师生关系之间,更多的是要求教师能够及时把握学生的状态,做出正确的应对措施。

# 第二节　乡村学校学生的发展

现代乡村学校的主要特征之一,就是规模小、生源少。这是由于近些年我国在社会快速发展建设中,有大量的乡村居民离开家乡外出寻找工作。这些家庭的孩子有相当一部分都随父母在异地入学读书,这就导致了城市的生源超出实际容纳人口的比例,而乡村却生源逐年下降,乡村学校的规模越来越小,为进一步的发展带来困难。这些小规模的乡村学校在发展中既有一定的特色,也具有一定的优势,因此需要进行专门的研究。

## 一、乡村小规模学校学生的发展优势

在乡村教育振兴的发展过程中,应该辩证地理解乡村学校的定位和资源,在劣势中发展优势。比如乡村小规模学校虽然有很多的发展弊端,但是同时也具有大城市中较大规模的学校、名校所不具备的优势。针对乡村小规模学校的办学特点,努力发展"小班小校"的教学优势,即较高的课堂参与率,更紧密的师生关系,弱势儿童学业发展水平更高、管理方式更灵活等。

### (一)广阔的成长空间

从自然环境来讲,乡村学校具有天然的地理位置优势。乡村的孩子从小生活在亲近自然的环境中,靠近山水田野,朝夕之间都能感受到大自然的节律,相对于城市里的孩子,乡村孩子对自然植被、动物习性、四季节气有更深刻的体验,对自然与生命也有更完整、更丰富的体察。身边的农业生产环境是学生体验生产劳动的最佳场所,乡村孩子的教养方式更接地气,从小参与生活劳动的机会也要高于城市的孩子。这些都是培养学生亲近自然、善待自然、感悟生命的绝佳优势。

从人文环境来讲,乡村社区环境中有浓浓的乡情,一条街道上的街坊邻居可能在几代人之前就建立了深厚的邻里交情。和城市里更为独立和封闭的生活空间相比,乡村社区以村落为单位,孩子们结伴在院子里玩耍,在田野放风筝,在溪流力捉鱼,谁家种了特别的农产品都会和乡里分享。可能左邻右舍的关系超越了邻居、朋友之上,浓浓的乡土人情也是促进乡村孩子身心健康、全面发展的另一优势。

### (二)紧密的师生关系

师生关系是乡村学校教育中最基本、最重要的人际关系,也是儿童社会化过程中最重要的社会关系。特别是留守儿童,对教师有更强的依赖性,教师需要给予更多的关心,更耐心的关爱。发展良好的师生关系对于乡村学生,特别是留守儿童,尤为重要,也是减少学生问题行为的重要因素。

乡村小规模班级为促进师生建立关怀关系带来优势。这是因为,每个学生与教师建立良好关系的前提是学生要有足够多与教师接触的机会,乡村的小班级教学令教师有充分的能力和精力了解、关心到每一个学生的个性和发展需要,每个学生都会被教师注意到,都有机会和教师充分地沟通和交流,而那些动辄就五六十人一个班级的大校大班的学生,无论如何也不可能有这样的师生接触的条件。正是小规模学校人数少,每位学生才有了更多与教师接触和表达自我的机会,也更有可能与教师建立紧密、良好的师生关系。

### (三)全面的互动交流

乡村地区以村落为聚焦单位的社群生活,也让学生和教师具有多渠道的了解和接触机会。在乡村生活中,保留了很多传统的民俗生活习惯,这些风俗是不仅仅局限于家庭内部的,而是涉及整个的族群和邻里之间,也就是说在一个人口有限的社群中,人与人之间存在着多样的、紧密的关系。比如乡村学校的师生之间,不仅仅是师生关系,也可能是邻里关系,还可能是族亲关系。这就让师生之间有更全面的了解和接触的渠道,不仅有利于建立关怀关系,增进师生之间的感情,而且他们的关系也是稳固的、立体的、持久的。

## 二、乡村小规模学校学生的培养路径

乡村的小规模学校,对学生的培养路径和培养方式也与普通学校有所不同,具有一定的独特性。由于学校的规模小、教师少,各种教学资源也十分有限,这些现实的客观条件为乡村学校的教学带来明显的局限性,但是与此同时,他们也有其优势所在。比如,正是由于没有能力开发更多、更丰富的学科和课程,有限的教师可以专心钻研现有的科目;因为学生少,教师可以加强对每个学生的辅导,提高学生的学习热情和学习能力。

(一)立足自身优势,把握乡土人文资源

乡村小规模学校应该充分利用起地理位置、自然环境和乡土文化的天然优势。中国是一个有几千年农业文明的国家,但是在现代化的发展过程中,很多传统文化逐渐走向衰弱或落寞。乡村学校可以把握地方文化特色,把传统的民族特色文化融入日常的教学活动中。一方面,是对优秀的传统文化的弘扬和继承,另一方面,也是立足自身优势进行特色发展的一种战略选择。

因此,在乡村小规模学校的教学中应该加强开展乡村文化的教育,把当地的民俗特色文化进行梳理和传承。在培植学生乡土情怀的同时,加强地域认同、文化认同和国家认同的教育,把民间歌舞、戏剧、体育等乡村人文资源引入课程,培育他们对乡土人文之美的识别、理解和热爱之情。

(二)促进自主发展,开展个性化教学

在人类现代化的过程中,人们过于追求教育的规模化和高效率,尤其是工业时代,社会生产需要大量的、具备一定技能的工人、技工等,强调人的功能性,而忽略了人的个性发展需要。然而个性化教学在我国具有悠久的历史,比如先贤孔子就曾提出的"因材施教"的教育思想。随着教育改革的进行,越来越注重发展学生的个性,倡导以学生为教学主体,鼓励学生全面发展。但是大班级的课堂教学模式与应试教育的存在,很难真正地、全面地实现个性化教育。

然而在乡村学校却具有这样的客观优势。班级人数少的乡村小规模学校在实施个性化教学方面,却走在了城市学校的前面,能够最大程度地实现因材施教。由于教室的空间大、学生少,在座位安排上可以完全不必拘泥于传统的摆放形式,可以灵活地根据教学内容的需要,摆放成环形、马蹄形、圆形等,甚至可以让学生自己选择座位的位置,学生也可以自由选择自己最舒服的上课方式。在教学目标方面,教师可以根据学生的个体差异制定多层次的教学目标。让每个学生只管按照自己的能力水平尽力学习,而不需要和其他同学比较。在课堂教学中,由于学生人数少,教师有机会鼓励每个学生充分发言表达自己的理解和思考,可以集体对某一个问题进行探讨,可以引出多样化、个性化的见解,从而培养学生对他人的理解,对不同个性的接受。这些都是只有小规模班级才具有的优势。当然,这对教师的要求也极高,需要教师既有因材施教的能力,还要有足够的热情和责任感,否则很可能由于教学目标松散且过程复杂,最后所谓的小班个性化教学只是形式有余,而实质不足。

（三）重视劳动教育,提高社会参与感

劳动教育是教育的重要组成部分,习近平总书记非常重视劳动教育,在习近平总书记教育重要论述中多次强调劳动教育的重要性,因此在新时代,小规模乡村学校可以利用自身的劳动环境优势,根据中共中央、国务院印发的《关于全面加强新时代大中小学劳动教育的意见》精神要求,开展形式多样的劳动教育和劳动实践活动,提高学生的社会参与度和生活实践能力。城市学生的劳动实践活动,基本上就是学校的学生大扫除,或者提倡回家帮助父母分担一些家务等等,形式和内容都非常单调,而乡村学生的劳动实践其实可以组织得别具风格,比如组织学生种蔬菜、种树、种花,学习识别虫害、防护知识等,还可以在农忙时带学生直接参与劳动。还可以组织学生帮助乡村里的孤寡老人,比如可以结成两人或者多人小组,定期轮流探望孤寡老人,帮助学生从小形成友爱互助的意识,培养学生的社会责任感和使命感。总之,乡村学生的生活实践和劳动实践场景都更加丰富,学生的成长环境也更加多面和立体,有机会对自然的更迭有更直观的体察,对生活实践有更多、更深入的参与,这些都对乡村孩子将来形成完整的人生观和世界观打下良好的基础。

**三、乡村小规模学校学生有效学习的因素**

根据美国著名的心理学家、教育学家布鲁姆的研究观点,影响学生的学习成绩主要有三个变量决定:认知前提行为、情感前提特性和教学质量。认知前提行为是指学生对所学的知识要有必备的知识和技能;情感前提特性是指学生的学习动机强度;教学质量是指适宜于学生的教学活动。有数据显示,认知前提行为和情感前提特性决定了学生学习成绩的75%,因此,在乡村学校的教学活动中,乡村教师要重视学生的认知和情感特性,并基于学生的情况设定教学目的、安排教学内容、选择教学方法。

（一）教学目标的适用性

在一切教学活动中首先要确立的就是教学目标,它是需要教师和学生共同努力完成的目标。在学校的教学活动中,虽然学生不能也没有能力直接参与设置教学目标,但不可忽略他们才是学习的主体,教师应该充分考虑学生的实际情况,并据此从教材中选择合适的教学内容,对教学目标进行适度的扩展,使其更接近学生的接受能力和学习需要,从而有效地提高学生的认知能力、增强学习动机和掌握学习内容。

教师应该注意的是,要把制定好的学习目标明确地告诉学生。因为,明确学习目标是培养学习动机的第一步。因此,教师要做的是帮助学生把学习目标内化为自己的学习目的。对于乡村小规模学校而言,教师有机会让每个学生都了解到接下来一段实践的学习目的和学习任务是什么,并且理解之所以制定这些目标和任务的原因是什么,自己应该做哪些努力,经过学习后能够获得哪些能力等。

（二）教学内容的结构化

教学内容是对教学目标的实现手段。学习内容是学生实现目标的具体载体。因此,教师在设置学习内容的时候,要从学生的视角、认知以及情感特性出发,努力通过更加契合他们的特性而达到提高教学效率、激发学生学习主动性的效果。学习内容要有它合理的结构,由浅及深,由低到高、循序渐进地设计教师在组织教学内容时,要让选择的教学内容符合学生的认知规律,持续激发学生的学习动机。教学内容好要尽量贴近学生的生活,如果过于脱离乡村学生的生活场景,距离他们的真实生活太遥远也会降低学生对知识的掌握意愿和动机。

（三）教学方法的差异化

教师的教法最终会成为学生的学法,而学生学习知识的效果可能仅仅是一次学习行为的结果,但在一次教学过程中形成的学习方法会逐渐成为学生的学习习惯,影响着学生今后的一切学习活动,其作用和意义远比一次成绩的好坏重要得多。因此,教师要悉心选择教学方法,从一开始就为学生日后的学习方法打下正确的基础。

教学方法的差异,也可以体现在弹性的作业设计、作业形式的多样化上。比如作业可以是书面作业结合实践观察,或者是教师将班级的同学按照兴趣或者专长分组,分别交代不同的学习任务,但是最终学习成果在全班同学范围内进行分享和讨论。也可以是一次具体的、完整的发现问题、提出问题、寻找线索、讨论或者辩论,最终进行总结归纳得出一个学习结论。这是教师亲自带领学生们体验一次完整的学习过程的很好的教学实践。

（四）教学评价的三维化

在传统的教学质量评价中,往往只重点考虑对知识点的掌握,对考试范围的熟练程度等,评价较为单一,且不利于学生的全面发展。在小规模乡村学校的教学中,教师可以关注到学生的学习方法和成绩的变化、思想及感受的变化,知识与技能的变化,即全面了解和掌握学生在学习过程中的接收能力和接收程度,以及对方式方法的适应性、对学习目标的认可等等。教学质量和效率需要通过学生的收获来检验。教师要努力培养学生养成良好的学习习惯,培养对所学科目的兴趣和热情,培养学生掌握正确的学习方法,以及培养学生具备一定的解决问题的能力等。

# 第三节　乡村学校教师的培养

进入 21 世纪之后,各国都把发展教育放在国家发展战略的高度。而教育的发展除了进行教育系统的改革之外,最重要的就是对教师的培养。教师是教育活动的核心因素,也是活跃在教育实践第一线的主力军,他们直接决定着国家未来人才的整体素质。而立足于我国的国情来看,乡村地区的教育情况将决定着国家的整体发展进程。自"国培计划"实施以来,各地实践广泛开展,取得了显著成效。而在当前乡村教育振兴的发展环境下,我们乡村教师的培养也面临新的挑战。

## 一、影响乡村教师发展的客观因素

（一）经济水平落后

### 1. 经济落后难以吸引人才

我国的乡村发展和经济水平始终落后于城市，即使在改革开放之后，农村的社会经济水平得到极大的改善和提高，但是城乡差距的存在仍然是一个不争的事实。经济上的"城强乡弱"，导致城乡教育之间也表现为"强者愈强，弱者愈弱"的态势。由于乡村的发展落后于城市，教育投入也相对偏低，使得乡村地区很难吸引优秀的年轻教师，长期下来，留在乡村的教师趋于老龄化，愿意来乡村教学的年轻教师可能是因为没有留在城市学校的机会才退而求其次来到乡村学校，一般而言，这一类年轻教师并不能长期稳定地留在乡村发展教育事业。

### 2. 乡村教师的待遇福利偏低

教育经费捉襟见肘，也是一个重要原因。尽管"以县为主"的农村义务教育经费管理体制的建立，以及农村义务教育绩效工资的实施对这一困境的化解产生了一定的积极作用，但并不能根本性地改变乡村教师待遇福利偏低的现象。在有限的经济条件情况下，要让农村中小学拿出资金用于改善教师的福利待遇，提高他们的收入水平，并为他们提供专业发展的专项资助，进行职业再教育依然是件十分艰难的事情。

### 3. 整体资源匮乏留不住人才

很多在乡村生活的年轻人向往着城市生活，这其中也包括年轻的乡村教师。在乡村教学中表现优异的年轻教师，很多会争取进入县城或者省城的学校工作，这一方面是对自身能力的肯定，是工作平台的提升；另一方面，城市里的其他配套资源也是吸引乡村教师的重要因素。因为乡村教师也有老人要赡养，有孩子要培养，城市里的医疗和教育水平显然整体上要高于乡村。优秀的乡村教师为了自身发展和自己家庭的利益而离开乡村进入城市，也是无可厚非的事情，但是对于乡村学校确实一个严重的损失。

（二）教育政策因素

### 1. 乡村生源质量无法保障

凡是在基础教育一线工作的教育从业人员，都能体会到生源质量不仅在很大程度上决定着教师的教学效能，而且对教师的专业信念产生影响。而当下乡村教育的一大困扰就是优质生源在不断流失。生源质量的不断下降不仅直接关系到教育成果，并且对本地的乡村教师也带来负面的影响。不得不承认，乡村教师正面临着极为严峻的现实困境。一方面，社会对乡村教师的要求越来越高，他们要在各种资源都相对有限的条件下积极开展工作；另一方面，他们的生源质量却越来越差，很难提高整体的教学成绩。生源是教学活动的重要参与主体，能够部分地决定教学质量，然而现实情况却是乡村的优质生源不断流入城镇，留在乡村学校的学生素质整体上低于城镇学生，这就进一步加剧了乡村教师的工作难度。面对这一尴尬境地，需要国家从政策层面上进行有效调节。发展乡村教育需要同时对各个主要因素进行整体布局和调控才能获得理想的效果。如果只是单纯强调一方面努力，忽略其他因素的作用，则很难实现目标。长此以往，乡村学校的教师在教学上的效能感也会大打折扣，在专业信念上的无力感和挫折感也会因此而得到强化，最终，这些因素都会制约着乡村教育的发展。

### 2. 城乡教育资源分配失衡

城乡教育资源分配是一个涉及多方利益、关乎教育公正的话题。很多国家的历史经验表明，在市场经济条件下，完全依靠市场或社会来对城乡教育资源进行分配只会加剧城乡学校利益的不均和城乡教育机会的不公平。只有从政策的层面进行干预，才能真正有效地平衡各方利益，促进教育公正的实现。从我国现有的城乡教育资源分配政策来看，无论是人力、物力和财力的配置上，乡村都处于相当弱势的位置，几乎所有的优质资源都流向城市，这样就使得乡村教育的发展更为艰难。而且，如果任由这种情况发展下去，问题会随着时间的推移而愈发严重，因此，需要国家和政府格外重视起这一教育问题，并尽快研究推出适当的政策和制度，努力从根本上改善资源配置失衡的问题。

### 二、学习国外好的方法

乡村学校的教师质量的相对薄弱是一个全球性的教育问题。为了应对这一棘手的问题,世界各国先后进行了各种形式的尝试,推行了有关政策和措施来致力于乡村学校教师发展水平的提高。其中有不少都取得了显著的效果,对减小城乡教育差距、提高乡村教师质量、改善乡村学生的教育环境都得到积极的成果。这些进过验证的实例对我国的乡村教育振兴具有一定的参考价值。

（一）美国的"为美国而教"项目

1. 以优惠措施激励大学生参与

人才是一切事业发展和建设的关键,从"为美国而教"项目中我们可以看到,美国的发展乡村教育的实践中,从吸引优秀大学毕业生积极参与为切入点,采取了一系列的优惠措施。

（1）志愿者只需履行为期两年的服务。

（2）志愿者对执教服务区有一定自主选择权。

（3）志愿者享受带薪假期。当时的年薪在 22000—40000 美元。

（4）志愿者可享受研究生院和公司提供的特殊待遇,对于一些已经签约的志愿者,各大公司与企业还允许其延缓两年再上岗。

（5）凡是"为美国而教"的志愿者都可申请每年 4725 美元的教育奖金。

2. 严格的志愿者选拔程序

为保证志愿者队伍的质量和素质水平,"为美国而教"项目对申请人员实行严格的选拔程序。这些申请者必须是来自全美最具竞争力的大学,并且要参加严格的教学实践考试。保证只有非常优秀的大学毕业生才有资格参与,这就一下子提高的这批志愿者教师的门槛,从根本上保证了项目的实施质量。

### 3. 集中培训与跟进指导

在志愿者被分派到各个学区任教之前,必须提前接受为期5周、每周6天、每天15个小时的高强度短期集中培训,请来给志愿者进行教育培训的人都是资深的教育专家和优秀中小学教师。培训分为理论学习和实践操作两部分,并且,除了前期培训之外,该项目还提供一系列的后期跟进式指导,也就是说从参与人员的选拔,到实施过程的监督,都有严格的标准和完善的程序。

### 4. 双重的评估制度

对志愿者的教学评估以学生的学业成绩为主。但是学生成绩是由两部分组成,一部分是课堂表现得分,另一部分是根据一定的评价标准对学生第一部分的成绩进行调整、合计而得出的分数。这一成绩测量系统一方面能够更准确地反映学生的学习变化,可以进行整体的评价;另一方面也可以掌握志愿者的教学情况并及时给予反馈,使其能及时调整教学策略,提高教学质量水平。

### (二)英国的教育行动区计划

英国的教育行动区计划,主要是针对扶持薄弱学校和处境不利儿童而制订的,但在其推行过程中非常重视乡村教师专业发展的促进,因此,我们在促进教师专业培养方面可以进行参考。

### 1. 赋予教师教学自主权

课程与教学能否自行支配和调控,是体现教师专业发展水平的重要标志,这也是教育行动区计划的大胆尝试。英国政府赋予了教育行动区学校教师充分的自主权利。在课程安排上,这些学校可以像私立学校一样不受国家统一课程政策的约束,允许教师根据自己的教育理念和学校的实际需要,对课程内容进行重新组织和安排,也可以自主设计。在教学形式上,允许教师自由、灵活地发挥,只要能有效激发学生的学习兴趣和热情,提高学生的读、写、算的水平,降低逃学率和辍学率,理论上都是允许的,教师有极大的决定权。

### 2. 为薄弱学校教师配备助手

教师短缺、工作负担重是教育行动区薄弱学校的突出问题。因此，经过教育行动区决策层的深入研究，决定增加教学助手来缓解这一压力，并将教学助手的作用重新界定为"为教师和所有的学生提供支持，以确保学生高质量的学习"。而教学助手一般面向家长招聘，基本要求是能在读、写、算和学习习惯上辅助教师对学生进行指导。当然这些应聘的家长必须具备基本的从业资格、通过国家的职业资格考试，并且还要继续学习专门的教学所需的课程，以保证其工作质量符合要求。这一举措体现出很好的效果，原因之一是家长担任教学助手在沟通学校与家庭的关系方面显示出了极大优势。同时，教学助手为教师提供学生学习情况的反馈也更有效。

### 3. 为在职教师提供发展培训

薄弱学校的改造涉及许多方面，其中对教师的发展和专业提升是重点之一，并且经过事实的验证，凡是在教育行动区中加强对教师的专业培训的学校，在促进学校教学质量方面得到明显的提高，成效显著。当然，这些行动区在师资培训方面的投入也是非常惊人的。

### 4. 为教师提供充足的经费

充足的经费支持是教师专业发展的重要保障。这在几乎所有的行动区进行工作经验总结时都被重点提及。由此可见，充足的经费后盾是师资培训和设备更新的重要保障。没有了后顾之忧，教师可以全身心地投入研究和工作，有了先进的设备支持，让教师、教师助手以及学生在教学活动中都充分地感受便利，这些都是提高教学质量的重要因素。

### （三）澳大利亚的乡村地区计划

乡村地区计划，是澳大利亚联邦政府推出的一项历时长达30多年的重大教育政策举措，涉及范围几乎遍及澳大利亚全国，其主要目的在于提高乡村学校教育质量和促进乡村教师专业发展。联邦政府主要负责提供资金资助、制定总体政策以及开展年终审核和监督计划的执行等。各州（区）政府负责根据本州的具体情况制订计划和实施计划。通过澳大利亚乡村地区计划，我们可以借鉴以下成功的经验。

### 1. 政策吸引优秀教师

澳大利亚在吸引优秀教师到乡村任教方面，早在教师的职前阶段就开始了，政府鼓励和引导这些年轻的预备教师赴乡村进行教育实习和体验。比如通过报销交通费和补贴生活费等手段，鼓励这些年轻的即将走上讲台的师范生参加乡村体验项目。除此之外，乡村教师也享受比城市教师更高的薪水、更多的假期，甚至还有交通费减免、旅游补贴等。

### 2. 具有地方特色的配套课程

在教学安排和课程内容上，澳大利亚政府也很花心思。各州的教育系统，根据本地的文化特色研发了专门适用于本地的乡村教学课程。让各个地区的教育根植于自身所在的文化土壤，让孩子在课堂上所学的内容和他们生活中接触到的现实社会彼此呼应，或者具有一定相关性。比如土著居民子弟有土著文化历史课，少数民族地区有专门的少数民族语言课，牧区有专门的农牧业技术课等等。可以说，澳大利亚将乡村教育彻底地、扎实地立足于乡村社会与乡村生活，让学生的所学可以随时在生活中进行实践，提高了教育的务实性和转化率，从而也能自然而然地带动学生的学习热情和学习积极性。

### 3. 升级乡村学校的设备设施

为了给乡村教师和学生创造良好的学习条件和学习环境，澳大利亚政府还给乡村学校配备齐全的现代化教学设施，并安排专业技术人员进行技术指导和定期维护。同时，对乡村教师还提供线上的专家指导、资料数据库、优秀课件分享等等支持，使乡村教师的教学工作得到多方面的助力，自然对教学更有信心和动力。

## 三、乡村学校教师培养的对策

通过了解和对比国外一些发达国家在乡村教育改革中采取的措施和尝试，拓宽了我们的研究思路，也给我们带来一些重要的启发，为我国的乡村教育振兴发展提供新的视角和一些成功经验，我们可以选取其中比较适合中国国情的举措，用于发展我们的乡村教师培养对策上，它们主要体现在以下几个方面。

（一）建立高校和乡村学校的沟通渠道

要想从整体上提高乡村学校教师的专业水平,除了提高培养新生力量之外,对现有的教师也要有相应的培训平台和渠道,而且要从现有的资源着手,和高校建立沟通渠道就是一个重要方面。以高校为中心向周边的乡村学校辐射,请一些学者和教育专家定期为乡村学校的教师进行培训,聘请资深的教师进行教学指导,并形成完整的培训、实践、督导、反馈、再培训的机制。

如果按照常规的方式要求乡村教师进行深造,尽管也会提高他们的专业能力,但是毕竟周期较长且效果较慢,增大了调控难度。然而,我们的高校有强大的师资力量,只是欠缺一个平台和沟通渠道。因此可以组建一个扶持乡村学校的专门小组,以周末的短期培训、线上督导等较为灵活的形式,直接为乡村学校教师现在面临的教学难题进行解答和培训。

（二）建立"校本式"培训模式

1. "校本式"专业培训

我们以往的教师培训都是立足于学历的教育范式,比如获得相应的师范类学历资质是进入学校执教的唯一标准。然而具有"学历"仅仅说明这些师范生具有了基本的综合知识能力,但是这些知识和能力往往是游离于自身所处场域之外的。因此,我们今后对乡村教师的培训应该改为以乡村为本、以乡村学校为本。在接受了基本的综合知识培训之后,这些"预备役"的大学生必须要接受"更专业"的培训。即将大学的课堂迁移一部分到乡村,唤醒乡村学校教师的专业自主意识,让他们能够真正以主人翁的姿态直面自身的专业成长。

2. "驻校式"培训模式

以往的乡村教师培训都是集结到县城或者省城接受统一的培训课程。这种模式的不足是让乡村教师脱离了其真实文化场景,培训内容也是高度概括的通识,虽然具有普遍意义却与地方文化脱节。因此,今后对乡村教师的培训可以采取"驻校式"培训模式,这不仅仅是地理位置的改变,也包括对培训内容的改进。应根据乡村学校的实际问题,向高校提出本校教师的培训要求,然后在教育行政部门、师资培训机构和乡村学校的协同参与下,共同制订培训方案,共同确定培训内容,最后以合作协议的形式规定培训的整个过程。以能够关照到不同地区教师专业发展需求的差异性为基本要素,是促进乡村学校教师专业成熟的最为有效的手段。

### 3. 实施的基本路径

首先,负责培训的有关专家要强化"田野"意识,以适时"驻校"的方式深入乡村学校的第一线,要关注农村教师的发展需求和困境,与乡村教师共同探讨和交流,研发出高度切合实际需求的培训内容。其次,以文化区域为单位进行划片培训,这样可以保证具有相同乡土文化的地区在教育内容与形式上的统一性。另外,还要充分发挥熟谙本土教育文化的本土骨干教师的示范带动作用。

### (三)建立"自主性"专业发展机制

"自主性"专业发展是指以乡村教师个体出发、自觉主动地追求作为教学专业人士的生命意义与存在价值的不断进取的过程。具体而言,在乡村学校场域中实现教师的"自主性"专业发展,需要相应的机制。它包括激发乡村教师的内在发展愿景、累积个性化的发展经验,进而实现由他主到自主,由外在动机向内在动机的转化与超越。

一方面,可以以课程开发为契机组建乡村教师的学习共同体,这是一个良好的继续学习和自我提高的机会。在课程开发的过程中,乡村教师互相促进也互相激发,逐渐培养他们的自主性。另一方面,可以建立乡村学校教师行动研究群,通过真实、具体的教学活动,刺激与鼓励乡村教师进一步关注自身的教学现状,不断进行反思、探讨和实践,从而进行提高专业水平。

# 第七章　乡村教育振兴与发展的路径与策略研究

　　振兴与发展乡村教育是落实乡村振兴战略的重要工作,解决乡村教育问题是推进城乡教育一体化的重要突破口。在乡村振兴战略下探索乡村教育振兴与发展的路径,必须从我国乡村教育的发展现状出发,深入认识我国乡村教育存在的问题及其与城市教育的差距,针对现实问题而制订发展方案,调动政府、学校、社会、家庭等多方力量使乡村教育走出现实困境,并依托现代信息技术进行现代化改革,以全面发展乡村教育,提高乡村教育质量。本章对乡村教育振兴与发展的路径与策略展开研究,重点提出建立完善的社会参与机制、创新乡村学校办学体制、注重乡村教育的信息化发展、加强"家校共育"式发展以及促进乡村成人教育发展等五条路径。

## 第一节　建立完善的社会参与机制

### 一、建立社会参与机制的必要性

　　现阶段在我国乡村教育管理体制中,政府管理占主导地位,负责制定乡村教育的相关制度,并承担相应的责任。然而,在社会转型和城镇化建设背景下,乡村教育面临着相当复杂的问题,政府的教育职能也不是万能的,不可能做到面面俱到。鉴于乡村教育问题的复杂化及社会发展的新要求,应在政府宏观管理的基础上构建社会参与和治理机制,打造全方位的社会治理新格局,突出全社会"共建""共治""共享"的新特征。建设社会治理机制,要注重对社会治理制度的制定与完善,争取政府的支持和法律的保障,积极调动公众的力量,最终形成健全完善的社会治理体制。总之,我国乡村教育治理正从以政府主体为中心的单一治理模式逐渐向政府主导、社会协同的多元治理模式转变,这符合新时期的教育治理理念和社会发展理念。

我国社会力量参与乡村教育治理是有历史轨迹可循的,现阶段社会参与乡村治理可以借鉴历史经验,少走弯路。一直以来,我国在社会治理中都将乡村教育治理作为一项主要工作来抓,从古至今我国乡村教育治理所取得的成果可以折射与反映出我国社会治理与社会变迁的趋势与走向。在新的历史时期,乡村教育在复杂的社会背景下面临的问题和矛盾更多,因此更有必要建立"共建共享"的乡村教育管理模式,充分发挥政府的主导作用,将社会主体的活力与积极性激发出来,使政府、社会通过各自发挥自身的职能与优势而促进乡村教育振兴和发展。

### 二、建立与完善社会参与机制的策略

教育治理是国家机关、社会组织、利益群体和公民个体,通过一定的制度安排进行合作互动,共同管理教育公共事务的过程。它强调多元共治,主张教育管理的社会参与和民主参与,是教育管理的高级形态。乡村教育治理是指立足时代背景,乡村教育的各利益主体通过多元共治的方式,协同管理乡村教育公共事务的动态过程,以期推进乡村教育与新型城镇化建设、乡村教育与城市教育以及乡村教育系统自身的动态平衡与协同共进。[①]因此,在乡村教育治理中构建融政府、社会于一体的多元治理模式,就要明确不同治理主体的责任,提升各自的治理能力与协同合作能力,完善协同治理机制,采用现代化手段进行高效率治理,从而促进我国乡村教育的现代化发展与可持续发展。

下面具体分析建立与完善社会参与乡村教育治理的机制的主要策略和方法。

---

① 李森,崔友兴.社会变迁中的乡村教育[M].福州:福建教育出版社,2017:236.

（一）在乡村教育治理中明确政府与社会力量各自的主要责任与义务

现阶段，地方政府应国家要求而不断"简政放权"，参与乡村教育治理的相关政府部门也应响应国家要求而"简政放权"，在教育治理中要解放思想，调动社会力量的积极性，将民间活力激发出来，发挥社会的凝聚力和创造力，提高乡村教育治理效率和成果。

乡村留守儿童教育等教育问题的解决既需要政府发挥主要职能，也需要社会力量的参与，而且确实有些社会力量一直都在积极参与这方面的工作，但在留守儿童教育治理中，政府相关部门与社会参与力量之间的沟通和互动非常少，二者之间的沟通桥梁还处于缺失状态，沟通机制尚未形成，而且一些地方政府部门及社会力量对自己的主要职责缺乏清晰的认识，所以免不了有些重复性的工作，浪费了时间、精力与资源，而且因为治理工作不够系统，缺乏规划，工程分散，最终影响了治理效果。对此，建立多元化的乡村教育治理模式，就应该对政府与社会力量各自的权责予以明确，这是健全多元治理体系和有序开展治理工作的基础与前提。

划分政府部门和社会力量在乡村教育治理中的职责，应该贯彻政府主导（政府兜底）、社会协调（社会促优）的原则。政府居于主体地位，承担主体责任，社会力量发挥协助与补充的作用。清楚政府与社会在乡村教育治理中各自的地位和职责后，就要具体情况具体分析，有针对性、目的地发挥各自的职责。乡村教育治理涉及多方面的工作，如果是一些基础性的问题，如乡村教育经费管理、乡村学校布局、乡村宿舍建设与管理、教师评职称等，政府应充分发挥自身的领导作用，从设计、决策等方面把握解决问题的大方向，客观评估这些基本问题的实际情况，判断乡村教育发展趋势，从而立足现状、放眼未来而对解决乡村教育现实问题、促进乡村教育发展的政策进行制定。但要注意的是，制定政策时要召开论证会，论证会要邀请社会力量来参与，政府要向社会有关方面征求意见，这充分反映了乡村教育治理的民主性。

以上关于乡村教育的基础问题采取的治理方式是政府主导，社会参与和协调，对于其他工作，可能需要以社会力量为主导来进行治理，如"第三方"乡村教育质量评估、乡村智障儿童教育服务、乡村留守儿童素质拓展、乡村民间艺术进校园等，但要注意政府应加强过程监督与质量监控。

（二）建立健全政府购买社会服务参与乡村教育治理的机制

进行乡村教育治理是政府与社会协作振兴乡村教育的重要手段，其优势在于压缩乡村教育治理成本，巩固多元共治模式，促进乡村教育治理效率和发展质量的提升。

政府在乡村教育治理中购买社会服务，是现代乡村教育治理的重要机制之一，如校车接送、校园安保、第三方教育治理测评等方面的工作，就是主要采取购买社会服务的方式。实践证明，这个治理机制具有良好的实效性，在实践运用中积累了丰富的经验，总结出科学且较为完善的规律。然而，不同地区的社会观念、经济水平等存在差异，因此各地政府通过购买社会服务而进行乡村教育治理的工作进程、工作结果都存在一定的差异。从目前来看，经济水平高的地区，这一机制较为完善，且在实践中得以落实，取得了良好的治理效果，而经济落后地区这一机制还未形成或尚不成熟，在实践中运用较少，经验不足，有待进一步推进这方面的工作。

政府向社会力量购买服务，必须严格审查和评估社会力量所提供的服务，从制度、政策等方面加强监管，以提升社会力量的服务质量。具体要做到以下几方面的工作：

首先，依据社会服务能否提高乡村教育治理效率这一标准，明确划分社会服务的类别，清楚哪些是"必须买"的社会服务，哪些是"可以买"的社会服务，哪些是"绝不能买"的社会服务，对其中第一种社会服务要积极推进，对第二种社会服务要全方位甄别，对第三种社会服务要守住底线；

其次，制定并健全社会服务招标制度与政策，完善招标方式，规范招标流程，综合采用多种招标方式来提高招标效率；

再次，政府有偿购买社会服务，必然涉及财政支出的问题，为节约成本，避免资源浪费，有必要做好经费预算，加强专项经费管理；

最后，对社会服务质量进行考核，健全考核机制，服务质量考核不仅仅是对最终服务结果的评价，还包括对服务过程的动态监管，考核方式有绩效考核、社会满意度调查等。

（三）促进社会组织参与乡村教育治理的能力的提升

社会组织在社会治理中发挥着举足轻重的作用，国家提出要加强对社会组织培育与发展的进一步规范,完善社会组织制度,明确各个社会组织的权利与责任,提高社会组织的自治能力,促进政府与社会组织的协同发展。社会力量要在社会治理中充分发挥自身的作用,首先要得到政府的承认,其次要承载政府赋予的权力,具有参与社会治理的高度意识与良好能力。社会治理包括教育治理,教育工作与其他社会工作相比具有自身特殊性,社会组织参与教育治理,必须合法、合理、合规,并要取得良好的治理成效,赢得政府与大众的认可。要充分发挥社会组织在乡村教育治理中的作用,就必须不断锻炼与提升社会相关组织的专业能力。

首先,鼓励乡村社会组织积极参与乡村教育治理工作,并根据乡村教育发展的需求培育新的社会组织。在社会组织的培育中,要清楚乡村教育机构乐意接受哪些社会组织,哪些社会组织能更快融入乡村教育治理工作中。一般来说,乡村教育机构比较容易接受那些与乡村社会、村民生活、乡村学校相贴近的乡村文娱组织和民间社会组织,所以要特别重视对这类社会组织的培育。

其次,有些社会组织在参与社会治理中积累了大量的实践经验,对于成功且成熟的治理模式与经验,可大力推广,并在乡村教育治理中予以借鉴,不同地区社会组织在乡村教育治理中总结的规律和累积的经验也可以相互借鉴,但要从实际出发而有针对性地采纳,对于普遍性的规律和经验,可以推广到全国乡村教育治理中。

最后,乡村地区有自己独特的乡村文化,也有优秀的"乡贤"人才,将这些文化资源、人力资源充分利用起来,提高资源利用率,为乡村教育治理提供资源保障。作为乡村的"象征"与"代表","乡贤"人才为乡村振兴与乡村社会各个方面的发展都做出了重要贡献,培育"乡贤文化"是乡村振兴战略强调的一个要点,可见"乡贤"人才在乡村社会极其重要,因此我们要采取积极有效的措施来鼓励"乡贤"人才参与乡村教育治理,为促进乡村教育事业的发展而发挥自己的重要价值与能量。

(四)建设大数据平台,推动乡村教育现代化治理

当前,在我国乡村教育治理中,社会力量参与治理存在不够精准的问题,主要原因是社会组织是非官方机构,对数据的获取不是很便利,对于最新信息动态而无法及时掌握,也难以对未来趋势进行准确预测,从而影响了设计与实施策略的精准性。在全球化时代,不管是判断和预

测事件走向、制订计划,还是采取策略,都要以对信息数据的准确、及时掌握为前提。落实行动要靠精准的数据信息来"指挥"。对此,因此,在乡村教育治理中,应努力构建集数据采集处理、监测管理、预测预警、应急指挥、可视化于一体的大数据平台,提高乡村教育治理的精准性,而这个大数据平台应该由多元主体共同参与,包括政府部门、社会组织、互联网机构、第三方评估机构等。

将现代科技资源充分利用起来,采取现代化技术手段进行乡村教育治理,将大力提高治理效率和优化治理效果。例如,挖掘与分析乡村教师资源数据,对师资资源地图进行建模设计,对师资资源共享平台进行创建,共享优秀资源。再如,对乡村适龄儿童信息资源平台进行创建,对进城读书的适龄儿童、乡村留守儿童、辍学儿童的情况进行实时监控,及时了解乡村适龄儿童的动向,为采取相关对策而提供依据。

# 第二节　创新乡村学校办学体制

## 一、我国乡村学校办学体制的现状分析

办学体制是教育体系的核心与根本。导致城乡教育差距较大的原因除了经济原因外,还有体制机制方面的原因,而其中影响比较大的有教育投入机制、资源配置机制、教育管理体制、弱势群体帮扶机制等。下面首先分析当前我国乡村学校办学管理体制的现状与问题。

（一）政府在教育管理中处于"支配"地位

我国办学体制在中华人民共和国成立后出现了新的变化,主要表现在以下几方面:

第一,各级各类学校和教育设施逐步由国家接管,国家成为教育的主要责任主体;

第二,由政府任命学校负责人;

第三,教职工基本都是"事业编制",由财政统筹劳务工资。

从上面几点变化可以看到,政府通过全面提供学校的经费、决策及社会资源对学校进行全面管理,政府成为唯一的办学主体、财政投入主

体和教育政策措施的决策者。在这种管理体制下形成的学校系统逐渐成为政府行政体系中的末梢,学校成为政府决策的执行者。这种教育管理体制的优势在于便于"普及"基本教育,能够推动我国经济社会的发展。在信息时代,人民更渴望高质量的开放性的个性化教育,因此应该根据时代发展的需要、教育的基本发展规律而对现有的"行政"教育管理模式进行调整。

（二）呈现出"行政化"特征

影响乡村教育管理体制的主要因素,除了经济因素外,还有管理者因素,如管理者的思想观念、能力素质等。当前,我国县域内乡村教育管理者,特别是校长,基本都是先在乡镇或县政府担任行政管理工作而后调任学校担任校长职务,普遍年龄偏大、学历偏低、过于"行政化",缺少"专业化"。这就导致在学校管理中出现了如下问题。

1. 管理粗放、简单

乡村学校主要管理者缺乏先进的教育理念,没有深入认识与理解教育规律,管理方式简单、粗放,带有"官本位"色彩和所谓的教育"政绩"。管理者对主要行政人员的作用过于重视,忽视了师生、家长的作用;在管理中过分强调要统一管理,缺少开放观念,导致教育教学毫无活力,师生创新精神得不到发挥。

2. 办学理念和教育观念落后

学校的发展水平,很大程度上是从学校管理者的水平中体现出来的。经济较发达地区的乡村学校,管理者积极响应国家的政策号召,根据国家要求及时调整教育工作,办学有声有色;而经济落后的县域内乡村学校管理者对国家的政策措施反应较慢,行动滞后,缺乏宏观上的把控和全面管理,导致办学效果不佳。

3. 思想落后,工作"低效能"

在行政化管理体制下,管理者、教师处于"听命"和"被动执行"状态,缺乏创新热情,而且思想僵化,在思考乡村教育发展的问题时,简单地从增加经费投入加强校舍建设、提高待遇等方面思考,认为重视乡村教育的主要工作就是加大投入进行硬件建设、提高教师待遇,而很少立足乡村实际思考学校的特色发展,思考如何解决教育问题,提高教育质量。

（三）乡村学校办学管理的主体责任人逐渐"下移"

"省级统筹,以县为主",是现阶段我国乡村基础教育管理的主要模式。但在管理实践中,政府教育职能容量有限,尤其是经济落后地区,县政府把责任向下"分级",乡村基础教育的真正经济责任体是乡镇,乡镇直接面对本辖区的乡村教育机构（中小学、教学点、职业教育等）。在教育经费投入方面,学校建设经费一般是县里投入一部分,乡镇自筹大部分,或由乡镇自筹全部经费。经济较好的乡镇,本辖区乡村学校硬件设施建设得较好,基本能按照国家要求进行配置,而经济落后的乡镇很难做到这一点。

（四）城乡资源分布不均

乡村教育一直都是我国教育的短板,与城市教育存在明显差距。我国政府为了缩小城乡教育差距,采取诸多措施大力发展乡村教育,但由于诸多因素的影响,乡村教育的实质发展问题至今没有得到根本上的解决,优质师资均衡、教学质量提升的目标迟迟没有实现。

受经济因素和管理者因素的影响,经济落后地区乡村教师个人业务能力提升和待遇改进的问题一直没有解决,所以一些优秀师资想要去城镇学校教学,这又导致县域内优质师资资源的分布更加不均衡,也再次拉大了城乡教育质量差距。随着乡村学龄儿童大量涌向城市,乡村小学规模逐渐缩小,城镇学校规模扩大,造成了"城市挤、乡村空"的现象,同时也导致乡村学校硬件资源浪费,城市学校硬件资源满足不了需求。因此,改革乡村学校办学和管理体制势在必行。[1]

（五）乡村教师编制体制有待完善

从教师资源配置比例来看,我国乡村小学师生比远高于国家标准,乡村小学教师处于超编状态,但真实情况是"总量超编、结构性缺员",这是一种"畸形"现象。随着乡村人口出生率的下降和学龄儿童进入城市学校,乡村学校教育受到极大的现实冲击。因此,以"师生比"和"班

---

[1] 魏凤云.乡村教育振兴研究[M].北京:人民出版社,2020:89.

师比"为核定标准的教师编制制度遇到了不可逃避的现实问题,面临新的挑战,有待进一步改革与完善。

## 二、乡村学校办学体制的改革与创新

随着城镇化建设速度的加快,社会对教育的需求从根本上发生了变化,从"普及教育"的需求转变为"高质量教育"的需求。要满足社会大众对教育的要求,就要对我国乡村教育的现有体制进行改革,在供给侧改革的大环境下对教育供给侧结构性改革进行积极推进,在改革中要对乡村教育的特殊性、规律、现状等进行全面考虑,政府要充分发挥自身的宏观调控职能,促进乡村学校办学体制改革的不断深化,重点解决财政供给、教育管理和师资保障的问题,促进乡村学校办学理念的改进和办学质量的提升,缩小城乡教育差距,促进教育均衡发展。

从我国乡村学校办学体制的现状来看,重点要从下列几方面来加强改革与创新。

### (一)发挥政府的职能与作用

发展乡村教育,要充分发挥基层政府的作用,改革乡村学校办学机制与管理模式离不开基层政府的参与和支持,能否成功改革,关键取决于基层政府。我国乡村学校办学体制的改革制度随着社会变迁而变迁,而且其变迁具有强制性。所以更应该利用政府的引导功能来改革乡村学校办学体制与办学模式。政府功能的发挥主要从以下几方面来落实。

第一,根据国家政策要求和现实需要而对相关政策加以制定,为实现改革目标提供方向,并在经费上提供基础保障,维护改革成果。

第二,严格监管办学机制的改革过程,实行必要的干预,确保改革方向正确和改革政策有效落实。

第三,为改革乡村学校办学机制营造良好环境,如及时通知重要信息,加大宣传力度,召开会议商讨问题,有序推进各项改革事宜,并宣传推广改革的成功经验和改革成果。

第四,通过绩效考评的方式来进行改革质量管理,保证充分落实各项改革政策和措施。

### （二）完善教育财政投入机制

我国经济发展水平存在区域差异和城乡差异,受此影响,我国教育财政投入机制存在一些问题,基层政府有很大的财政压力,贫困地区的教育经费投入得不到保障,教师待遇低下,教学条件差,严重影响了教育质量。因此,要保证乡村教育质量,就要解决教育经费的问题。

在乡村教育投入方面,党中央、省级政府、县级政府等各级主体所承担的责任和负担的比例有一定的差别,对此必须要有明确的认识,此外要对现有的教育经费投入的统一模式进行改革,应从各地实际情况出发而建立与完善差异化教育投入机制。对于经济发展水平较高的地区,教育财政投入主体重心可适当"下移",充分发挥地方政府和乡镇政府的职能。对于经济落后地区,对经济欠发达的地区,教育财政投入主体重心可适当"上移",主要发挥中央和省级政府的作用,减小基层政府的经济负担。此外,要开辟新的筹资渠道,吸收社会资金来发展乡村教育,这样能够为乡村教育提供更多的保障,也能减轻政府的财政负担。

### （三）建立并完善"以县为主"的差异化管理办学体制

要改革乡村学校办学体制,就应转变观念、打破僵化的固有管理模式,立足实际探索相应的管理体制,实现县域内的差异化管理。例如,对经济水平较高的乡镇,可向乡镇政府赋权,充分发挥乡镇部门的作用,如成立镇教育局,建立"市级教育统筹—区级教育管理—镇级教育执行"的管理体制,满足基础教育发展需求。对于经济落后的乡镇,实行财政倾斜政策,加强上级宏观把控与管理。

### （四）改革乡村教师编制体制

城乡教育均衡发展的重点在乡村,这也是一个难点。提高乡村教师的素质是提高乡村教育质量的关键。我国在教育供给侧结构性改革中提出要均衡配置优质师资,针对目前乡村学校教师队伍的现状,要进一步改革乡村教师编制体制,以最终服务于提高乡村教育质量。我们要以整体性思维来完善教师编制资源配给系统,优化编制体制,重点加强对教师编制标准、政府购买服务、教师准入与退出机制的改革。

1. 加大对乡村教师的扶持力度

贯彻落实对乡村教师的扶持政策,统一城乡教师福利待遇与工资绩效,缩小城乡教师收入差距,增强偏远地区对教师的吸引力,打破城乡优质教育资源分布不均的困境。

2. 创新教师配给制度

目前,各地教师编制配给是自上而下的配给模式,它影响了整个地区教师编制结构的合理性。因此,政府应解放思想,根据学校所需实行自下而上的配给方式,按轻重缓急优化乡村教育编制的生态分布。

此外,要完善乡村教师的准入与退出机制,以优化教育人力资源。为了缓解乡村学校教师的工作压力,有关部门在严格审查及筛选的基础上可向社会购买服务,向社会招聘代课教师,保障教育质量。

(五)探索多元化乡村学校办学管理模式

在城乡教育统筹发展、公平发展这一教育改革理念的影响下,许多县域教育部门推出了乡村学校办学的多种管理模式,如"教育共同体""城乡教育联合体""中心校"等,旨在以城镇带动乡村,以中心带动片区,以个人促进学科,实现城乡教育的协同发展和城乡教育资源的优化配置。[①]

各地对上述管理模式展开了不同探索,有的在实践中取得了一定的成效,取得了良好的管理成果,但有的只是流于表面,没有采取实质性举措,管理效果不理想。因此在实践中应加强监督,不断推广较为完善的模式,充分发挥这些模式的优势与作用,切实改进乡村学校办学管理工作,提高管理水平。

① 魏风云.乡村教育振兴研究[M].北京:人民出版社,2020:92.

# 第三节　注重乡村教育的信息化发展

## 一、乡村教育信息化的基本理论

### （一）教育信息化的概念

随着信息技术的兴起、发展、普及及其在社会各个领域的不断渗透，现代社会与信息技术建立了非常密切的关系，社会信息化成为社会发展的一个重要特征与趋势。作为社会信息化的重要组成部分，"教育信息化"也越来越受关注，它突出了信息技术在现代教育中的重要性，体现出新时期教育改革与发展的一个重要方向与趋势。现在，世界各国的教育信息化进程正随着现代信息技术的迅猛发展而不断加快，各国的教育水平和教育质量也随着信息化技术的渗透与应用而显著提升。

教育信息化，是指通过进行教育观念、教育组织、教育内容、教育模式、教育技术、教育评价、教育环境等一系列改革，把信息技术与教育过程紧密结合起来，充分挖掘、合理运用各种信息，培养引领信息社会发展的人才，承担信息社会赋予教育的历史使命的过程。①

### （二）乡村教育信息化的内涵

乡村教育信息化，是在乡村教育系统构建中纳入信息技术要素，将信息技术广泛应用于乡村教育的各个方面、各个领域，以促进乡村教育现代化的过程。在推动乡村教育信息化与现代化发展的过程中，要从信息论的视角来分析乡村教育系统中的各种信息，通过全面分析，在乡村教育的不同环节有选择、有针对性地充分运用信息技术，从而提高教育效率和水平。乡村教育信息化是一个长期的复杂的过程，要确立统一而明确的指标体系是很难的，因为信息技术在不断更新与发展，在乡村教育的不同发展阶段来运用信息技术，会面临不同的主题与问题，因而乡村教育信息化的过程是无止境的。

---

① 曾海军，夏巍峰，王敬华.农村教育信息化路径现状反思案例[M].北京：人民教育出版社，2015：74.

乡村教育信息化过程中,有大量的先进技术在乡村教育中得以应用,所以难免有人会简单地从机器论、技术论的角度来对乡村教育信息化的过程与目的进行分析,以此来认识乡村教育信息化,如认为乡村教育信息化其实就是传统的教师讲课方式由机器授课代替,传统的印刷教材由电子教材代替,教师省时省力,学生可以在网上学习知识,提高学习效率,乡村教育信息化的评价尺度主要落实在代替性、省力性、效率性等方面。我们不否认乡村教育信息化确实可以实现上述转变,但对乡村教育信息化的认识与理解不能只从技术论、机器论的角度出发,这样不仅会产生片面的认识,还有可能使乡村教育信息化发展偏离正确的方向与轨道。运用信息技术开发教育软件和完善教育系统时,也要避免这种误区,否则会使乡村教育从教师"满堂灌"转变为"机器满堂灌""电教满堂灌"。这样乡村教育即使走了一条信息化改革之路,也和传统的应试教育没有多大的区别,不可能对信息化创新人才进行高质量培养。

在乡村振兴战略背景下推动乡村教育信息化,旨在实现乡村教育的现代化目标,对适应社会需求的创新人才进行培养,使创新人才引领乡村社会发展。为实现这一目标,我们应转变乡村教育思想,更新乡村教育观念,用新思想和新观念来指导乡村学校对信息技术的应用,并从培养创新人才的目标出发将信息技术充分利用起来进行新型乡村教育模式的构建,推动乡村教育的现代化发展。乡村教育思想和教育观念的转变是伴随着乡村教育的信息化过程发生的,因此我们基于信息论视角去认识、理解乡村教育系统更为科学、合理。只有依据信息论原理指导教育工作者在乡村教育中科学应用信息技术,才能真正实现乡村教育的信息化和现代化。

（三）乡村教育信息化的资源

在乡村教育中,用于存贮信息、处理信息和传递信息的资源就是乡村教育信息化的资源。乡村教育信息化的资源主要包括:支持远程教育的信息网络系统、校园网、网络教室、CAI 教室;在教学中运用的各种支援系统;在乡村教育管理中运用的信息系统。在乡村教育信息化中要运用大量信息资源,因为信息资源所起的作用比信息环境所起的作用更直接。乡村信息化教育主要通过应用各种乡村信息化教育资源而展开,对乡村信息化教育过程的控制也是通过运用信息资源来实现的。乡村学校应根据乡村教育信息的特点和乡村教育信息化的需求来分析与处理、传递与应用教育信息资源。乡村教育信息化的教育资源主要是网上教育信息资源,包括八项内容,如图 7-1 所示。

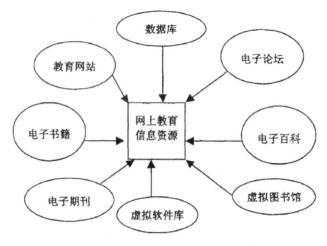

图 7-1　乡村教育信息化的资源[①]

## 二、乡村教育信息化的重要意义

### (一)缩小城乡教育差距,促进社会公平

乡村教育信息化能够使先进的教育资源低成本传送到乡村学校,为乡村学生接触新知识、掌握新技能提供便捷渠道。城乡二元化结构在教育层面有突出的表现。偏远的乡村地区和发达城市地区相比,人们无法迅速获得新知识、第一时间享受最新科技成果,而这又会进一步加剧城乡二元化和不平等。而缩小知识层面和教育层面的差距是促进乡村教育振兴和乡村社会振兴的必要手段。乡村教育信息化可以使乡村社会对于教育服务的需求得到满足,采用信息化技术手段将优质教育资源提供给乡村师生,使乡村师生享受人类教育成果,促进教育资源共享和城乡教育互动发展。

### (二)有利于充实乡村教育资源

受城乡二元结构的影响,政府对教育资源的分配向城市倾斜,首先考虑的是使城市人口教育的需要得到满足,只有相当有限的教育资源流

---

① 刘光余.论我国农村教育信息化[D].曲阜:曲阜师范大学,2004:9.

向乡村学校,乡村人口的教育需求远远得不到满足。乡村人口享有的教育资源本身就少,再加上多方面原因的影响,分配的教育资源利用率低,未能充分发挥作用,因而教育资源短缺且利用率不高成为制约乡村教育发展的主要瓶颈。要加快改革乡村教育,进一步发展乡村教育,就必须拓展与充实乡村教育资源,满足乡村人口的需求。乡村教育信息化使乡村人口能够通过互联网渠道便捷获取教育资源,这为乡村教育资源的拓展与丰富提供了良好的机遇与条件。具体从下列几方面体现出来。

1. 传统乡村教育资源得以拓展

借助声、光、电等现代信息技术,来实施传统文字教材内容,能够提高教学效果。乡村教育信息化使乡村学校内部、学校之间、城乡学校之间的联系更加密切,推动了教育资源共享,这有助于促进传统教育资源的拓展与丰富。

2. 为乡村教育提供新的教育资源

乡村教育信息化中的校园网建设,使农村学校实现网络覆盖,教师与学生在学习场所能够方便地获得数字媒体信息等教学资源。教育信息化打破了时空限制,使教育资源更加开放,农村学生有机会接受名师指导,实现优质教育资源共享,并为乡村教育提供更多的新资源。

3. 使乡村教育资源得到开发

在乡村教育信息化中,乡村学校可以引进外部优秀教学软件,利用教学软件对乡村教育资源进行深入开发,挖掘乡村优势教育资源的价值,提高乡村教育资源的利用率。

(三)有利于调整乡村教育结构

我国自新中国成立以来就一直不断调整乡村教育结构,乡村教育结构随着社会教育的发展而不断优化。在乡村教育信息化中,现代教育信息技术彰显了重要的价值与持久的生命力,在一定的广度与深度上给我国乡村教育体制及教育模式带来了重要的影响,随着现代教育技术的不断发展,这种影响将长期存在,而且影响范围将不断扩大,影响程度也将越来越深化。随着乡村教育信息化进程的加快和信息化水平的提高,对乡村教育结构提出了更多新的要求,只有在信息化时代不断调整、改革乡村教育结构,才能适应社会发展需求,顺应乡村教育改革与发展的趋势。

乡村教育信息化对乡村教育结构的调整与优化作用主要体现在下列几方面。

### 1. 改善乡村教育结构

改革开放以来我国乡村经济水平明显提高,但不同地区依然存在差距,东部地区乡村经济水平较高,中西部乡村经济较为落后,尤其是西部地区有不少贫困村,经济严重落后。鉴于这种客观存在的区域发展差异,必须从教育着手而对多类型的优秀人才进行培养,这也要求对乡村教育结构进行改革,进行多层次、综合化调整。

随着现代技术在乡村农业生产、乡村教育中的大量运用,乡村农业改变了传统面貌,逐步向"新型农业""现代农业"转变,这个转变也扩大了乡村教育的结构范围。除东部乡村教育进一步发展外,中西部乡村教育条件也不断改善,教育水平有所提高。经济较好的乡村地区出现了幼儿教育,高等教育也有向乡镇延伸的趋势。而且随着乡村教育信息化的发展,乡村人民对职业教育的需求越来越多,乡村职业教育获得了发展,解决了很多人的就业问题,提高了乡村人民的整体素质。

### 2. 乡村教育结构性质的变革

在乡村教育信息化过程中,乡村学校教育的内涵发生了显著的改变,现代信息技术涌入乡村,为乡村网络教育提供了可能,一些因故无法上学的农家子弟可以在家里学习知识,这样学校的概念就宽泛了,不只是传统学校的概念,可以说有教育资源的地方都是学校,可以学习的场所都是学校,甚至整个社会都是学校。乡村学校教育、家庭教育、职业教育、成人教育相互沟通,相辅相成,改变了乡村教育的整体面貌。

### 3. 乡村教育结构内容的更新

乡村教育信息化,提高了教育信息的收集与处理效率,教育信息的不断更新促进了乡村信息化教育的动态发展。乡村教育结构的内容不是固定不变的,而是处于动态调节中,而且内容结构不断更新和拓展,以适应乡村教育信息化的要求。

（四）有利于改进乡村教学方法

教学方法手段的改革与创新，可促进教学效率的提高。随着教育技术和信息技术的成熟化、教育信息组织的非线性化、信号处理数字化、信息储存光盘化、信号传输网络化、教学过程智能化以及教学资源系列化，乡村教育信息化使教师的活动突破了时空限制，使教学环境更加开放，传统教育方式受到冲击，发生了很大的改变，依托现代信息教育技术而形成了诸多新的教育教学方式，同时学生的学习方式也发生了相应的变化，如出现了如下一些新的教和学的方式：

（1）基于多媒体教室环境的多媒体组合教学；

（2）基于互联网络的远程教学；

（3）基于多媒体教室网络环境的协商学习；

（4）基于多媒体计算机环境的个别化自主交互学习；

（5）基于校园网络的资源利用与问题探究学习；

（6）基于虚拟社区环境的远程协作学习。①

乡村教育信息化发展，使教师实现了个性化教学，教师在教学过程中改变传统教学方法，采用新的教学方法，提高了教学效果。而且学生也产生了自主性学习、探究性学习的需要，主动采取新的学习方法。新型教学方法的综合运用大大提高了乡村教学质量。

（五）有利于优化乡村师资队伍

乡村振兴的希望在于乡村教育，乡村教育振兴的希望在于乡村教师，建设优秀的乡村师资队伍是乡村教育事业发展的根本大计，是乡村教育改革的关键突破口。教育信息化为培养优秀师资提供了重要条件，乡村教师队伍的建设在乡村教育信息化背景下有着良好的前景。乡村教育信息化对建设与优化乡村师资队伍的意义，具体表现在下列几个方面。

1.激发了教师自我提升的内在动机

随着信息技术在乡村教育中的广泛运用，乡村教育内容、教育方法

---

① 曾海军，夏巍峰，王敬华.农村教育信息化路径：现状·反思·案例[M].北京：人民教育出版社，2015：68.

手段、教育形式与方式等都发了翻天覆地的变化,乡村教师已有的知识与技能难以满足教育信息化提出的新要求,无法适应乡村教育改革发展的需要,而只有在岗位上继续不断地学习新知识和新技能,不断更新教育理念,不断提升与完善自己,才能适应社会快速发展和教育信息化改革的要求。可见,乡村教育信息化有助于激发乡村教师自觉学习、自我提高的内在动机,也为乡村教师不断发展提供了内在动力。

2. 为乡村教师自我提升提供了外部动力

在乡村教育信息化改革发展中,优胜劣汰的市场机制被运用到乡村教师队伍的培养与管理中,严格的机制为乡村教师不断努力进取、提升自己、实现自我价值提供了重要的外部动力。

在内外动力的共同作用下,乡村教师有着强烈的自我提升的愿望,并将这种动机转化为实际行动,积极主动地参与培训、继续教育等能够提升自己的活动。乡村教育信息化为乡村教师继续教育提供了良好的条件,乡村教师可充分利用课余时间通过互联网渠道学习新知识、新技能,与国内外优秀教师共享优质资源,并与其他教师相互交流、学习。这样不仅节约了时间、经费,还提高了效率,提升了乡村教师的信息化教学能力。

3. 在更高层次上促进乡村教师教学水平的提高

乡村教育信息化,大大提高了乡村教育教学的效率与效果,也对乡村教师的教学能力提出了越来越高的要求,优胜劣汰机制在乡村教育中被广泛运用,"能者上,庸者下"的竞争机制,使乡村教师产生了危机感。如果乡村教师不重视自我提升,不通过继续教育而提升学历与能力,不主动适应乡村教育改革的要求,不重视对信息化教学技能的学习,那么终将被淘汰。那些学历高、教学素养高、主动适应教育信息化改革的乡村教师将在优胜劣汰的竞争中脱颖而出,实现更高层次的提升与发展,成为乡村教育振兴的主要力量和乡村振兴的重要贡献者。

## 三、乡村教育信息化发展的问题

### (一)基础设施薄弱

乡村教育信息化发展,是建立在良好的硬件设施条件上的,乡村硬件教育资源的覆盖范围是否足够广,硬件资源的性能是否可以使实际需求得到满足,网络教育资源是否实现了共享,这些都是乡村教育信息化应该考虑的重要问题,而这些问题也是受诸多因素所影响的。近年来,在"教育信息化2.0"改革与发展背景下,国家为推动乡村教育信息化工程建设投入了大量的资源,但目前还没有达到全面覆盖的要求,乡村教育的信息化水平还比较低,现代化发展还存在诸多问题。

比如,很多农村学校的教学设备条件较差,教学信息化要求得不到满足,大部分学校的教学手段都比较传统、单一,信息化教学手段严重缺乏,拥有信息化教学设备的学校只是少数由政府重点扶持的学校。尽管社会上向乡村学校捐助了信息化教学设备,但由于乡村教师信息化教学能力有限,导致这些先进的设备没有得到很好地利用,久而久之,这些设备逐渐老化,造成了极大的浪费。

（二）软件和数字教学资源短缺

乡村教育中软件与教育信息资源缺失的问题非常严重。由于缺乏较专业的音频、视频和图像处理软件,教师制作课程资源视觉效果差,内容单薄,对学生的吸引力不强,最终教学效果不理想。另外,公开信息教学资源的开发者对乡村文化的了解不够多,没有考虑乡村受众群体而进行教育资源开发,所以无法取得乡村学生的共鸣,在乡村学校教学中,很多翻转课堂技巧变成生搬硬套,学生对此毫无兴趣。

（三）缺少信息化人才

教育信息化人才,是实现乡村教育信息化的直接载体。现阶段,我国乡村地区人才空心化问题突出,本地优秀青年很大一部分在城市生活,大学毕业后回到家乡的青年较少。而且乡村教师待遇较差,发展前景不明确,很难吸引教师人才。一些乡村教师年龄较大,学习能力较差,无法熟练使用信息设备,以至于设备使用率低,再加上这些设备缺少保养和维修,造成了资源的闲置浪费,乡村教育信息化有名无实。

（四）信息化管理缺失

乡村教育信息化的有效推进离不开健全的管理体制,然而当前乡村教育信息化管理体制处于缺失状态。国家层面虽然制订了有关教育信息化的法规政策,但是地方政府没有根据上级政策制订符合本地实际情况的、可操作的乡村教育信息化推进规划,更没有相应的信息化管理制度。另外,受多方面原因的影响,乡村很多学校没有设置专门的信息化管理部门,再加上信息化人才短缺,严重制约了教育信息化进程,不利于推动乡村教育信息化发展。

### 四、乡村教育信息化发展路径建议

#### (一)完善信息化配套设施

信息化硬件覆盖农村地区,是推进乡村教育信息化的基础与前提,对此,地方政府要落实国家政策要求,对教育信息化给予必要的财政支持,为农村学校提供现代化教育设备,对老旧设备及时养护和定期检查,提高硬件设施的利用率。

#### (二)根据乡村教育现状开发软件教育资源,实现数字资源共享

教育部门统一组织开发智能教学软件,根据乡村教育水平、学校硬件设施水平、教师的教学能力、学生的知识储备进行有针对性的开发,解决地方性普遍教育问题。政府还可以统一购买数字资源服务,解决教育信息化中资源内容不匹配,无法覆盖所有课程等问题,利用教育机构强大的教育内容制作能力而为农村学生开发既有时代性,又匹配地区特点的教学内容,采用直播的方式让学生自主学习,老师在课堂组织过程中提升教学水平,真正实现翻转课堂。①

#### (三)提高乡村教师的待遇

乡村教育人才缺乏的一个主要原因,是乡村教育待遇水平不高,因此要从提升教师综合待遇这一点出发来改善现状。对乡村教师工资、住房等方面的安排要稍有倾斜,增强农村教师岗位的吸引力。同时,要根据学历、专业、职称来有效区分待遇标准,对信息技术素养较高的教师可适当提高工资水平,以吸引信息化技术人才和教育人才。

#### (四)建立健全乡村教育信息化管理体制

信息化是系统工程,不是短时间就能够成功的。地方政府要贯彻

---

① 商旻.农村教育信息化发展路径研究[J].科技经济市场,2020(8):101-102.

落实国家教育信息化政策,做好推进规划,确定分管部门,做好责权明晰。有关部门应做好乡村教育信息化改革的预算,设立专项资金,专款专用,有效追踪,阶段性检查成果。

（五）注重乡村教育信息化的科学研究

教育信息化给乡村教育教学甚至是乡村社会带来了翻天覆地的变化,给乡村社会人们的生活、学习、工作带来了深刻的影响,随着乡村教育信息化的推进,信息化水平越来越高,信息化层次也越来越深,知识更新速度超乎想象,新信息呈"爆炸式"增长,这些变化一定程度上也会给乡村教育带来新的问题,使乡村教育面临新的问题。对此,有必要对乡村教育信息化进行科学而深入的研究,并坚持长期研究,对乡村教育信息化发展的规律进行科学探索,为乡村教育信息化的进一步发展提供科学依据。

加强乡村教育信息化的科学研究,具体要从下列几方面来落实。

1. 建立健全机制

建立乡村教育信息化建设机制并不断完善,加快乡村教育信息化改革与发展进程,确保在改革与发展中时时有举措,科科有项目,人人有课题,实现组织、计划、时间、内容、人员的全面落实,形成上下贯通的机制,这是乡村教育信息化研究顺利开展的根本保障。

2. 勇于实践,不断探索

乡村教育信息化科研工作者,要投身乡村教育实践而进行研究,要立足乡村教育实际而积极探索,锐意进取,发现乡村教育信息化的优势与特点,总结乡村教育信息化改革与发展的可行性,对乡村教育信息化理论与方法进行大胆探索。在乡村教育信息化的科学研究中,不仅要对理论内容有准确的把握,而且要注重对实践技术的应用,从而更好地为乡村教育信息化改革与发展的实践而服务。

乡村教育信息化是乡村教育发展的重要趋势,只有长期研究、不断积累,将乡村教育的各种力量充分动员起来,对乡村教育资源进行深入挖掘,坚持不懈地探索乡村教育在信息化时代的可持续发展之路,才能潜移默化地影响乡村学校办学,影响每一位村民。

### 3. 抓重点，讲实效

要在乡村教育信息化的科学研究中取得良好的成果，就要先选好课题，要根据乡村教育信息化的发展热点和普遍性问题来选择课题，突出课题的时代性、现实性，使研究成果具有时代意义和现实意义。

实事求是是科研的基本原则之一，科研工作者要从乡村教育教学的实际出发而进行研究，结合对乡村教育本质、乡村教育特色、乡村学校办学方法、乡村学校学科结构、乡村教育教学课程设置等多方面实际的考虑而展开现实研究，提高科研实效，将研究成果转化为发展的动力，推动乡村教育改革与发展。

### 4. 发挥特色

为了更好地进行乡村教育信息化的科学研究，乡村教育工作者要向专家学习、向同行学习，学习各种先进经验，借鉴各种先进方法，取得各方面的支持和帮助，博采众长，优势互补，共同提高。此外，还要充分发掘适合乡村教育信息化的一些特色和优势，探索具有特色风采的乡村教育信息化发展之路。

# 第四节　加强"家校共育"式发展

## 一、"家校共育"解析

### （一）"家校共育"的概念

家校共育，顾名思义就是家庭教育和学校教育结合，家庭和学校共同肩负起教育孩子的重任。家校共育以家庭和学校为主体，以学校为主体场域，以完善学校教育工作、促进学生的全面发展为目标，家庭和学校方面共同参与教育。

可以这样界定家校共育的概念：家校共育是家庭与学校共同教育，家校双方以促进学生全面、健康发展为目标，在学生习惯养成、道德培养、品格塑造等方面，相互结合，共同努力，经常、主动地沟通与合作，共同培养与教育学生,使教育合力达到最大化的过程。①

（二）家校共育与家校合作

家校共育与家校合作不同,家校合作是指对学生最具影响的两个社会机构——家庭和学校形成合力对学生进行教育。在教育活动中,家庭和学校相互支持、共同努力,学校在教育学生时得到来自家庭方面的支持,而家长在教育子女时也得到来自学校方面的指导。②家校共育是家校关系中更高级、更深层的一种形式,强调家校双方的主体地位及教育责任,有一定的延展性或终身性。

（三）家校共育的意义

家庭和学校作为影响孩子发展最为关键的两个因素,在孩子的培养与成长中发挥着各自的作用。学校是孩子系统学习文化知识的主阵地,家庭是孩子身心培育的重要场所,学校教育需要家庭教育的全力支持,家庭教育更需要学校有效的教育指导,两者若能有效衔接与配合,不仅有利于增强家庭教育功能,促使父母孩子共同成长;还有利于促进学校育人功能的充分发挥。家校合作共育是教育现代化、科学化、民主化的必然要求。中小学阶段是学生身心健康发展的重要阶段,也是人格形成的关键时期,在这个阶段只有家庭、学校二者共同发力,才会使学生在人格、知识、品德等方面获得质的飞跃。

**二、"家校共育"的理论基础**

（一）共同责任理论

共同责任理论,是由美国社会学博士 Joyce L.Epstein（乔伊斯·L.爱泼斯坦）提出的,是指"对同一事情,与之相关的两者或两者以上共同担负责任,也是对彼此的责任"。在教育中运用共同责任理论,要求在学校教育中获得家庭的配合与参与,在家庭教育中获得学校的扶持与参与,家庭和学校在教育目标上要有统一性,家长和教师共同对和谐统一的家校共育环境进行创设。

---

① 董冬梅.农村小学留守儿童家校共育的行动研究 [D].济南:山东师范大学,2020:7.
② 魏风云.乡村教育振兴研究 [M].北京:人民出版社,2020:36.

在共同责任理论下,家庭与学校在关于孩子教育的问题上要共同努力,相互合作,共同促进孩子健康成长与全面发展。乡村留守儿童的家庭教育和学校教育尤为重要,家长与教师要多沟通,多交流,了解留守儿童的身心健康状况、学习状况,为其营造良好的教育环境。留守儿童的家长要多向教师咨询,听取教师建议,多关心与鼓励孩子,在学校的指导下开展家庭教育工作。此外,学校教师也要适当做一些家访,更多地了解学生,并获得学生家长的配合,使学生家长能够辅助学校教育,形成家庭教育与学校教育的合力,共同解决下一代的教育和成长问题。

（二）责权统一理论

责权统一理论（责权一致理论）,指的是"组织中的管理者所拥有的权力应与其所承担的责任相适应。"在各种社会活动的组织与管理中,管理者掌握管理权,同时也承担相应的责任,权力和责任并存,二者相互依存、相辅相成。责权统一理论是家校共育的重要理论基础,在家庭与学校教育中具有重要的理论指导意义。

学校管理离不开家长的参与,学校要鼓励家长积极参与学校管理活动,在部分工作和决策中要突出家长的主人翁地位,提升家长的责任感,让广大家长认识到自己对学校教育和学校管理的重要意义。在关于孩子教育和管理的问题上,由于家长和学校所处的位置不同,因此常常从不同的角度思考问题,他们的教育观念难免会有差异,如果双方缺少沟通,各执己见,那么随着差异数量的增加和程度的加深,就会渐渐形成隔阂,最终演变为冲突与矛盾。因此,在家校共育过程中,要协调家庭与学校对教育的责任观念,学校适当向家长"授权",使家长对自身的身份、职责形成正确的认识,主动参与学校教育与管理工作,这有助于使家庭与学校的关系由被动的沟通转变为主动的"共育"。

### 三、乡村"家校共育"的发展策略

（一）完善家校共育的相关制度

当前,社会制度建设面临诸多问题,需要进一步加强改革,优化设计各项制度,解决制度缺失和制度不完善的问题,以一套系统、有效的制度体系来为社会发展提供保障。在乡村教育振兴与改革发展中推进家校共育,要特别重视建立与完善相关制度法规,弥补教育法律制度的不足,为家校共育的落实提供坚实的法律后盾和可靠保障。

对家校共育制度的完善需要从下列两方面来落实。

### 1. 借鉴国外经验,完善国家法律、政策

教育发达国家不仅城市教育发展水平高,乡村教育也很受重视,发展良好,国外乡村教育发展较好的国家在推动乡村教育振兴的历史中非常重视家庭教育,注重乡村教育和家庭教育的合作与互动,将此作为振兴乡村教育的关键。为推动家庭教育的发展,以形成家庭与学校的强大教育合力,国外教育发达国家不断建立健全教育法律法规,为家庭教育、家校共育提供较高层面的保障,取得了良好的育人效果。

例如,意大利制定法律,以法律的强制性和约束性规定家长的休息时间,使家长在休息时陪伴孩子,保障孩子能够受到时间充分且质量较高的家庭教育,这是意大利家庭教育发展良好的主要原因之一。瑞典也针对家庭教育制定了相关法律法规,要求家庭教育必须真正落实在每个家庭,家庭教育开展不足或质量低下的家庭会受到相关惩罚,甚至会将家长的监护权取消。实践证明,国外以法律手段规范与约束家庭教育取得了良好的效果,制定法律政策是发展家庭教育的重要手段,鉴于我国乡村教育现状,必须加强乡村家庭教育,由国家层面制定相关法律制度,借鉴国外的成功经验,为乡村家庭教育的开展提供有力支撑,为乡村儿童教育提供更好的保障。

### 2. 制定和完善学校规章制度

乡村学校要认真学习相关法律法规文件,从实际情况出发而向地方行政部门主动争取协助与支持,争取优惠政策,争取更多的福利,从而进一步保证乡村学校教学活动的顺利开展。与此同时,地方政府在国家政策法规框架下对本地学校教育管理制度、家校合作制度进行制定与完善,使家校合作共育获得法律支持和政策保障,使合作共育的各项工作有章可循,有的放矢,提高合作共育的效果。

### (二)探索家校共育的有效模式

### 1. 促进家校信任,打好共育基础

在家校共育中,家长与教师的交流和沟通应该是长期的、多方面的,

在不断的交流中相互理解,建立信任,各尽其责,将各自作为教育主体的作用充分发挥出来。尤其是家长可以在教师的引导下转变教育思维,认识家庭教育的重要性,将教育重任主动承担起来,营造良好的家庭教育环境。

家校合作共育是以信任为基础和前提的,不仅家长要信任学校,信任教师,学校也要信任家长,只有彼此信任,才能更好地沟通、交流,坦诚相待,共同为乡村教育事业的发展、为孩子的成长而努力。

在家校沟通互动过程中,学校要打破封闭的管理模式,采取"请进来,走出去"的战略,与家长、社会进行更好的沟通与互动。

"请进来"指的是学校在教育管理中邀请家长参加一些工作,如制订教育目标、设计教育计划、确立教育工作思路等。此外,可以邀请家长来班级听课,了解孩子在课堂上的表现,亲身感受教师的教育工作,与教师一起讨论,相互交流,为促进孩子的健康成长与全面发展而共同努力。"请进来"的方式能使家长更好地理解教师,充分信任学校和教师,同时也能将家长的主体意识激发出来,将其参与学校教育的积极主动性调动起来。

"走出去"指的是学校向外界进行自我宣传,自我展示,借助乡村广播、报纸、宣传板等媒介宣传学校的规章制度,以获得家长的认可,得到家长的配合与支持。此外,乡村学校还可以根据自身情况"走出去"举办一些活动,以充分展示本校的风采,获得家长的信任,如素质表演、制作展览、特长汇报等。

2. 促进家校合作,实现互助共赢

虽然家庭教育和学校教育的教育内容、教育形式、教学方法有所不同,但二者有统一的教育目标。要使学生健康成长、全面发展,单靠家庭教育或单靠学校教育都是难以实现的,只有家庭教育和学校教育互助互补,彼此信任,相互合作,积极配合,才能更快、更好地实现统一的育人目标。在家校共育的合作关系中,家庭与学校是平等的,任何一方都不能一味付出或一味被动附和,而应该既付出,又配合,各自发挥自身作为教育主体的作用,为乡村振兴培养优秀人才。

第一,政府积极采取措施,引导家长转变观念,破除家庭只是孩子的物质保障供给者的思想误区,重视家庭教育,明确家长教育职责。促进学校与家庭合作,引导家长进行良性的家庭教育。例如,开展以"家校合作"为主题的家长和教师培训活动,引导家庭学校间的沟通合作。

第二,学校充分发挥教育的主导作用,主动加强与家长的沟通,引导家庭认清自己在孩子教育上的责任分工,树立家校合作的观念,达成家校合作的共识。学校可以通过建立"家校合作委员会"等家校合作平台来引导和保障家校合作的进行。

第三,家长抛弃完全依赖学校教育的心理,消除传统的"唯学校教育"论的思想,主动担负应有的教育责任,积极与学校沟通,主动参与学校教育,与学校达成合作共识,形成科学的、有效的家校合作共育模式。①

# 第五节　促进乡村成人教育的发展

乡村成人教育是乡村教育的重要组成部分,振兴乡村教育,既包括对乡村基础教育、乡村职业教育的振兴,也包括对乡村成人教育的振兴,只有全面发展与振兴,才能推动乡村教育的持续发展。本节着重对乡村成人教育的发展要点进行研究。

## 一、树立教育新观念

### (一)唤醒教育主体意识

受教育者在教育活动中居于主体地位,教育者必须充分认清受教育者的重要地位,加强与受教育者的互动,使受教育者真正学有所获。村民作为乡村成人教育的受教育者,只有认清自己的主体地位,充分发挥能动作用,才有可能通过接受教育掌握自己需要的知识和技能。在乡村成人教育中,村民作为被教育者总是处于被动地位,不管是接受教育还是寻求发展,都很被动,这种状态与村民的思想观念有很大的关系。

很多村民由于学历低、学识少而自卑心理严重,以至于在教育中不敢发挥主动性,这严重影响了乡村成人教育的效果。所以,在乡村成人

① 魏风云.乡村教育振兴研究[M].北京:人民出版社,2020:47.

教育中树立教育新观念,首先要唤醒村民的教育主体意识,使其认识到自己与教育者之间是平等的,没有高低之分,鼓励他们与教育者平等交流,教育者也要主动与村民平等对话,对他们的真实感受和实际需求有真正的了解,在教育过程中积极启发村民的思维,引导他们思考,使村民切身参与到教育活动中来,提升其主体意识和参与感。

此外,乡村成人教育改革发展中还要不断改进教育方式,充实教育内容,激发村民的兴趣,使他们积极主动地学习,营造良好的乡村成人教育氛围,使村民在积极学习中发现自身的价值,发挥自己的主体性,通过自己的努力而真正学有所得。

(二)培养教育付费和教育投资意识

乡村成人教育活动很多都是由政府出资开展的,由于教育经费有限、受教育者群体数量庞大,导致不能达到有效的教育供给。对此,应培养村民的教育付费意识,解决成人教育发展中的资金问题,并帮助村民建立正确的消费观和平等观,让村民意识到为教育付费的必要性。

另外,引导村民建立教育自我投资观念,使其通过自我投资而提高劳动技能,提升劳动者素质,获得持续发展的能力。

**二、精准教育内容**

(一)农业生产教育

对于市场缺乏了解和物质条件的匮乏,一些地区乡村产业发展长期处于被动状态,农业经济利益较少,这也影响了村民的生产态度和积极性。对此,应加强成人教育中的农业生产教育,依据当地生产和生活条件进行定位发展,设置适合当地农业发展的课程,教育内容应教导村民查找市场信息,运用现代方式进行农业操作,帮助农民打造民族乡村振兴示范村,提高村民的积极性、主动性、配合性和创造性,促使村民生产技术升级,延长产业链,为乡村农业的可持续发展做出贡献。

(二)文化娱乐活动教育

村民的文化娱乐活动比较少,而村民的精神需求对乡村振兴也非常重要,因此在乡村成人教育中应加强文娱活动教育的开展,关心村民的精神需求,开发形式多样、内容丰富的乡村娱乐活动,宣传积极健康的乡村社会生活方式,培养良好的乡村文化氛围。

（三）医疗健康教育

在乡村成人教育中还有必要进行医疗健康教育,普及健康常识和医疗卫生常识,并教年长的村民使用农村医疗保险,使用现代化技术就医,如进行电子挂号,取电子化验单等。各地应从村民的实际需要出发加大对医疗健康教育内容的开发力度,讲解与宣传医疗保险政策及重要知识,开展必要的健康教育培训。

（四）其他教育

乡村成人教育内容类别相对比较有限,大多是农业生产技能方面的教育,而且这类教育内容也比较单一。根据乡村振兴战略的要求,应该在乡村地区开展多领域、多层次的教育,例如,开设电脑课程、电工课程、厨师课程、月嫂课程、垃圾分类课程等,为村民提供更多选择,激发和利用农村剩余劳动力,增加劳动力的活力,提高村民的劳动技能和人口素质,更好地实现乡村振兴的战略目标。

### 三、建立与完善乡村成人教育教学负责制

在现在的乡村成人教育活动中,教和学处于一种分离状态,教师完成教学任务后没有相关的课业,也没有实操性训练,村民在生产劳动中遇到问题时没有专人答疑,造成了教育中断、效果低的结果。

鉴于上述问题,应该建立乡村成人教育教学负责制,确保教和学的双向互动,改变传统教学模式,让教育者深入基层落实教育结果、解答疑问,使受教育者将所学知识和技能运用到实践中,学以致用,把教育内容转化为生产力,提高成人教育的效用。

### 四、完善乡村成人教育体制

在乡村成人教育发展中,要重视对教育成果的审视,完善考试制度,依据教育成果颁发合格证,要求持证上岗。

当前,我国乡村成人教育不能达到有效供给与缺乏考试制度有直接的关系。成人有关合格证的考取和审核比较松懈,致使乡村成人教育成

果低下,参加过成人教育的受教育者也不能作为"教育产品"完成有效的教育供给。完善考试制度能够使成人教育更加规范,真正发挥教育的效用,提高村民劳动力,使村民达到社会劳动力用人标准,进而提高他们的经济收入水平。

此外,要严格审核合格证的颁发,落实持证上岗的社会要求,使乡村成人教育更好地与市场结合,建立行之有效的"教育生产线",使市场经济和成人教育发展相互促进,这样才能在满足成人教育有效供给的同时,培养乡村社会振兴所需的人才,促进乡村振兴战略的落实。

# 第八章　乡村教育振兴与发展的实证

　　乡村振兴、农村现代化离不开乡村教育发展。因此乡村振兴必先振兴乡村教育,在乡村振兴规划中要优先规划教育,将教育作为乡村发展的首要公共事业。随着乡村振兴战略在全国各地的推进,乡村教育振兴与发展也备受关注,各地积极改革与大力发展乡村教育,努力缩小城乡教育差距,取得了一定的成果。与此同时,各地因为经济、文化、制度等多方面因素的影响,在振兴乡村教育的过程中遇到了一些现实问题,迫切需要从本地实际情况出发而进行有针对性的解决。本章对我国乡村教育振兴与发展展开实证研究,选取西部地区、山东省、广西壮族自治区的乡村教育发展作为典型案例进行个案分析与研究,在指出这些地区乡村教育发展的问题、提出改革发展建议的同时,也为其他地区乡村教育振兴与发展提供了借鉴与参考。

## 第一节　中国西部乡村教育发展研究

### 一、中国西部乡村教育政策的特征

　　西部大开发以来,国家对西部教育的发展给予了高度关注与重视,不仅从资金上扶持西部教育,而且出台了一系列发展政策,制订了相关发展规划,如安排农村中小学硬件设施建设,支持乡村职业教育中心建设,落实中小学远程教育示范工程等。这些举措有力地推动了西部教育的发展,使教育资源在乡村地区的覆盖面不断扩大,促进了西部乡村教育水平的提升和西部人民群众文化素质的提高,为西部大开发战略的深入推进和战略目标的实现提供了重要的人力支持和技术支持。

我国西部乡村教育的发展能取得良好的成果,与国家的政策支持密不可分。党和政府为西部乡村教育发展出台的政策具有以下几个特征。

（一）科学化

我国西部乡村教育,从改革开放以来就受到党和政府的持续关注,国家对乡村基础教育的重要性给予了充分的肯定,党中央对我国西部乡村教育价值的认识逐渐深化。随着思想认识水平的提高,党中央和政府为我国西部乡村教育发展出台的政策也越来越科学。西部乡村教育发展政策的科学化主要表现为,我国在参考科学理论的基础上,经过充分的会议讨论和深入的实践论证来制定政策,随着政策越来越科学,其在乡村地区实施的效果也越来越显著。

西部乡村教育的振兴与发展对西部人才的培养、西部大开发、西部经济振兴等都有直接的影响,只有全面发展乡村教育,提高西部教育的整体水平,才能使现阶段的“教育输血”向“教育造血”转变,使西部乡村教育的价值得到充分发挥,使西部教育的科学发展目标顺利实现。振兴西部乡村教育,要特别重视发展基础教育,虽然说劳动者素质的提高、科技人才的培养等是高等教育的主要作用,但基础教育是高等教育的基础,如果基础教育发展不好,基础不扎实,根基不稳定,高等教育的发展必然受到影响。因此要积极推动基础教育覆盖西部乡村地区。

另外,我国在西部乡村教育政策的制定中引入了市场经济的竞争机制,改变了以往通过政治手段强制干预的局面,这也是西部乡村教育政策制定科学性的重要表现。

（二）法制化

我国对西部乡村教育发展政策的制定呈现出法制化特征。在西部大开发战略中,乡村教育发展是必不可少的一部分,西部乡村教育发展的法制化规定随着西部大开发战略的有序推进而逐渐形成。我国是法治国家,倡导依法治国,在此背景下,制定西部乡村教育政策要特别重视不断提高政策的法制化水平。现阶段,我国在制定西部乡村教育发展政策的过程中遇到了与其他法律相抵触、相矛盾的问题,对此,政府应上升到国家的共同意志来制定相关教育政策和教育方针,以法律的形式呈现这些新政策、新方针,这样教育政策与其他法律相互冲突的问题就能避免,自然也就减少了不必要的政策性消耗。

（三）务实性

党和政府从我国西部发展的实际情况出发制定西部乡村教育政策，将西部乡村教育发展与西部经济发展统一起来，遵循西部地区的客观发展规律制定西部乡村振兴政策与乡村教育振兴方针，体现了乡村教育政策的务实性。

下面从两个方面来分析西部乡村教育政策的务实性。

### 1. 规定农村教育是教育工作的重中之重

《国务院关于进一步加强农村教育工作的决定》明确规定将农村教育作为教育工作的重中之重，这充分说明农村教育何其重要，也反映了国家非常重视农村教育。国家还提出要加强对乡村教育的管理，不断加大投入力度来扶持乡村教育，尤其要保障对西部乡村教育的经费投入，为西部乡村教育发展提供基础保障。政策的实施使西部乡村地区贫困儿童享受义务教育的权利得到保障，使贫困生的上学问题得到了解决，可见我国关于乡村教育、西部乡村教育的政策是十分务实的，切实解决了许多现实问题。

### 2. 取消了农村基础教育的学杂费用

我国乡村地区教育经费短缺的问题长期存在，这是一直以来制约乡村教育发展的一个难题。改革开放后，为了解决这个问题，国家实行在农村征收教育附加税的政策，这使我国乡村尤其是西部乡村教育经费不足的问题得到了一定的缓解，但乡村教育经费紧缺的问题一直没有根本解决。而且征收教育附加税使西部贫困地区村民的负担进一步加重，对乡村其他事业的发展造成了阻碍。为了解决这个问题，国家规定全国农村义务教育阶段的学杂费全部免除，这是贫困生的福音，贫困生家庭的经济负担因此而减轻。不仅如此，国家还为贫困生提出经济补助，切实解决贫困生的上学与生活问题。可见，国家的乡村教育政策是真正为了解决问题而制定与实施的，是非常务实的。

## 二、中国西部乡村教育发展的主要问题

在党和国家科学化、法制化及务实性的教育政策的扶持下,我国西部乡村教育发展取得了令人瞩目的成果,我们在肯定发展成果的同时,也必须承认西部乡村教育依然落后的客观事实,西部乡村教育水平与东部地区还有较大的差距。从全国教育事业的发展结构来看,西部教育的地位依然没有明显提升,西部教育尤其是乡村教育的发展还存在诸多问题和矛盾,在西部大开发中有待进一步解决。

下面重点分析我国西部乡村教育发展的政策问题、教育结构问题以及教育管理体制问题。

### (一)政策问题

#### 1. 落实不到位

国家为解决西部乡村教育发展长期以来一直存在的问题,而制定了乡村教育政策,以推动西部乡村教育的持续发展,但这些政策在地方上的落实不够深入,只是表面上落实了,甚至只是形式主义的落实,导致西部乡村教育的地位一直无法从根本上得到提高。此外,西部乡村经济发展水平较低,贫困区也有不少,政府制定西部乡村教育发展政策时应该考虑西部乡村经济的特情况,但事实上很多政策都脱离了这一现状,西部基层政府在原本就缺少经费的情况下还要承担教育经费负担,而教育经费的投入并不能在短期内就获得回报,由于回报周期长,所以有些基层政府并没有按政策要求去开展工作,政策落实不到位,政策的作用就得不到发挥。

#### 2. 对专项教育经费缺乏有效监管

我国为发展教育事业而投入了大量的资金,强调教育资金专款专用,但缺乏这方面的监管机制,导致教育经费的投放与使用出现问题。如为振兴西部教育而拨发专门的资金,要先通过省级、市级以及县级部门的审核,最后要投放多少资金,以什么方式投放,是由县级政府所决定的。如果地方政府对教育经费的投入与使用违反国家规定,那么该地有关部门就不能参与先进评选,不能获得表彰和奖励,严重违反国家规

定的部门还会被追求责任,被通报批评。地方政府可能会为了"做出成绩",评选先进、获得表彰和奖励,而将大部分教育经费投入办学条件较好的学校,而真正需要经费来解决办学难题、上学问题的学校或学生却无法从中获益。

西部乡村发展落后不仅仅是教育落后,经济落后是教育落后的直接原因,而经济落后又直接导致医疗落后、基础建设落后等,影响了社会各项事业的发展,各个方面都迫切需要经费来渡过难关,获得发展。在这种情况下,西部地区一些地方政府部门将教育经费投入经济建设中,出现了教育专款被挪用的恶劣现象。

### 3. 不注重考核地方"教育绩效",地方政府责任不明确

经济发展是我国各级政府的工作重心,经济发展成果的考核指标容易量化,而且效果显而易见,但教育的发展需要较长时间才能取得成果,且发展成果不像经济发展那样显著,所以教育工作的受重视程度要比经济发展的受重视程度小。与此同时,教育行政部门在财政方面掌握的发言权比其他平级行政部门要少一些,这也是我国部分地区,尤其是西部贫困乡村和山区,教育经费严重缺乏的主要原因之一。

国家的长久发展离不开教育,乡村振兴要以教育振兴为基础。国家为发展教育大计而出台了一系列政策,颁布了一系列教育法律法规,为教育发展指明了方向,提供了政策支持和法律保障,在基本教育法律法规的基础上,国家还出台了一些辅助性的监督政策与规定,但这些政策或规定中提到的惩罚措施比较少,没有很强的震慑性,也没有健全的考核制度和指标体系来对地方政府执行教育政策的情况进行量化考核,只有一些普遍性的教育评估规定,评估内容单一,评估方法简单,而且拘泥于表面,以短期考核为主,缺乏较大的监管力度。

国家出台的教育政策,最终要由地方政府来落实,这相当于国家给地方政府布置的任务,但地方政府在执行这些政策时应该履行什么样的职责、承担什么样的责任,国家并没有以法律的形式明确下来,这就造成了一些教育保障政策无法在偏远地区顺利落实,影响了西部偏远乡村教育的发展。国家必须以法律形式来明晰各级政府的责任才能够保障教育政策在各个地区的充分落实,才能真正发挥教育政策的作用。

（二）教育结构不合理

乡村教育要服务于乡村经济和乡村社会发展，首先必须要有合理的教育结构。教育结构合理才能发挥整体效益，促进乡村经济与社会发展。要使教育结构合理化，就要从乡村经济现状和社会发展需求出发而对乡村基础教育、职业教育、成人教育等教育内容进行统筹安排，促进这三个方面的教育协调发展。然而，现阶段我国西部乡村教育以学校基础教育为主，而且学校基础教育片面追求升学率，将升学率作为教育成果的考核标准，然而因为西部乡村地区缺少优质教育资源，教育水平落后，结果升学率也不高。如此看来，不仅基础教育没办好，职业教育和成人教育也被忽视了，不合理的教育结构制约了西部乡村教育的整体发展。

（三）教育管理体制落后

国家集中管理是我国教育管理体制的一个主要特点，地方政府在教育方面缺乏一定的自主管理权，难以根据地方的具体情况出台教育政策、开展教育管理。国家对各地教育的管理具有一定的垄断性，虽然有权威性，但是不够灵活，而且也增加了国家部门的工作负担。教育管理权的缺失和对自身职责不够明晰，导致西部乡村教育中长期存在的一些问题迟迟得不到解决，严重制约了西部乡村教育的发展，也影响了西部大开发战略的推进。

### 三、西部乡村教育振兴与发展的策略

（一）加大经费投入力度，加强基础保障

1. 加大经费投入力度

我国义务教育存在比较明显的地区差异和城乡差异，东西部城乡间的差距尤为明显。西部地区经济发展水平较低，再加上地理位置的影响，仅仅依靠地方财力很难改善学校办学条件。西部乡村义务教育的发展必须依赖国家和省级政府的政策支持。政府财政部门需要加大对西部乡村义务教育的投入力度，将部分财政资金真正用于西部农村偏远地区和弱势群体。为了保障这一点，国家应充分发挥监管功能，通过政务

公开及问责制等相关制度,保证政策的实施,解决西部乡村教育经费不足的问题,改善西部地区办学条件,逐步缩小地区间的教育差距。

2. 完善教育资金保障机制

西部地区经济落后,有很多贫困县,很多地区农村义务教育严重缺经费,基于这一实际,各地应依据国家相关法律,结合实际调研,尽快建立实施本地中小学人均事业费、人均公用经费的基本保障线,为各级政府政策投入和经费配置提供科学依据,为国家及社会各界力量监督提供科学依据。对因财政困难不能提供经费保障的贫困县,由上一级或省级财政采用规范形式进行补助,解决贫困县的财政困难。对于不能提供教育经费保障的省区,由国家财政部门予以扶持,以确保西部乡村办学达到拨款最低保障线。

各级政府财政部门应避免教育投入主体不明、责任不清的问题,依据西部实际,从可行性出发,执行国家、省、市县三级教育经费分担机制。国家要加大对各级政府使用专项教育经费的监督力度,建立完善的监督管理机制,实现国家拨付专款专用,做到教育经费使用公正、公开,同时以法律的形式确保各级地方政府教育责任的落实。[1]

(二)制定相关标准,改善西部乡村办学条件

国家将各地区教育管理的权限下放到各省区的县乡两级政府部门,县乡政府要严格依照国家规定来改善教育教学条件,充分考虑当地经济发展现状和教育发展现状而制定本区域教育教学条件的基本标准,思考区域现有教育资源能否满足教育教学需要,还需要配备哪些资源等。在制定办学标准的同时要充分听取地方政府部门以及有关专家的意见,确保所制定的标准全区域内的学校都能够达到。

西部乡村教育评估要以县乡评估为主,省政府进行管控、指导和督促。基层政府要调动各方资源,广泛听取民众和专家意见,开展积极有效的实践活动,切实整合区域资源,制定符合本地区实际状况的教育教学最低标准,保障区域内学校都能按照规定达到可以满足需要的办学条件。[2]

---

[1] 王学军.我国西部地区农村教育反贫困问题研究[D].咸阳:西北农林科技大学,2009:32.

[2] 尤让.我国西部地区农村教育政策分析[D].太原:山西大学,2011:27.

### (三)加强师资队伍建设,提高教师素质

西部乡村教育的发展离不开一支优秀的师资队伍,建设师资队伍是推动西部乡村教育振兴的必要举措。当前,我国西部乡村教育因师资队伍数量少、力量弱而面临诸多发展困境,西部乡村教师队伍建设主要存在的问题是师资队伍后备资源没保障,来源不稳定,流动性大,现有教师素质水平不高等。要解决西部乡村教育发展的现实问题,就要从师资队伍建设着手而加强改革,优化师资队伍,提高师资力量。

#### 1.加强职业培训,提高乡村教师的素质

西部乡村教育发展中,既要将年龄大的教师的退休问题解决好,又要加强对年轻教师的培养,对师资结构进行调整,包括年龄结构、学历结构、职称结构、专业知识结构等,以全面优化师资结构,提升整个教师队伍的学历水平和业务能力。

培养年轻教师不仅要对其专业知识能力、教学实践能力以及教学技巧能力等进行培养,还要进行拓展性培养与培训,如信息化教学能力、创新教学素养等,促进年轻教师业务能力和综合素质的提升。学校或县级政府要为年轻教师创造参加培训的机会,成立由专家组成的培训团,开展专业培训活动,使年轻教师通过培训而不断提升自己的教学能力。此外,为西部乡村教育培养教育人才还需要对西部乡土人情、乡土文化、地方特色有所了解,对西部乡村社会发展需求有情绪的认识,从而提高教育人才培养的精准度,使培养出来的年轻教师是西部教育发展真正需要的人才。

#### 2.制定教师资源的对口支援制度,打造一条畅通的教师资源填充渠道

建立西部教师队伍对口支援制度,是解决西部乡村教师不足、教师队伍素质整体较低的重要方法。对口支援可以是西部地区之间的对口支援,也可以是跨地区的流动教学。通过选拔优秀教师资源,加强地区间教师的互动交流,实现教育的合作共赢。对于教育力量薄弱的学校,定期组织优秀教师进行巡回代授课,鼓励并安排乡镇教师去农村地区任教,带动落后农村地区的教育发展。这样可以有力提高西部农村地区教育水平,缩小同其他地区教育水平的差距,实现西部乡村教育的长足发展。

为了保障西部乡村地区良好教师资源的持续供给,国家需要出台相关教育优惠政策,选拔优秀的师范毕业生到西部支教,通过任教补贴、完善培训以及在考研、考公务员方面提供政策倾斜等方式,来吸引优秀师范毕业生到西部任教。

政府部门也可以公开向社会召集优秀教育人才,组织吸收全国各地的优秀人士,对这些人员的选拔一定要本着能够向学生提供生产知识技能培训,理论学习指导,丰富社会经验等为前提,对这些专业人才的吸收有助于优化教师队伍的结构,形成具有西部教育特色的新型教师队伍,切实推进西部乡村素质教育的发展。

（四）教育管理民主化

西部乡村教育管理,应建立地方基层管理体制,使基层教育行政部门享有教育系统的人事权,将校长、教师聘任制真正落实到地方,从而在制度上保证校长、教师任免、流动的公平与公正。乡村基础教育管理体制改革的成功与否,关键取决于人事制度的改革成果,特别是地方上是否真正落实了校长聘任制。在人力资源聘任与流动机制的制定中,要制定相关制度与政策来提供方向与保障,除了教育部门要发挥主要作用外,地方宣传部门、人事部门、组织部门等都要发挥各自的优势,形成合力,协同作战,共同落实上级政策,确保教育管理机制和人力资源管理机制的有效运行。

（五）加强地区交流,共享教育资源

在西部乡村教育改革与发展中,要重点改造落后地区办学条件较差的学校,基层政府部门应在上级部门的引导与指示下整合地方教育资源,立足本地实际而不断改善学校办学条件,提高对教育资源的利用率,充分发挥教育资源的作用,从而使乡村教育条件的地区差距逐步缩小。在教育资源的整合中,除了要对地区优势资源、特色资源进行高度整合外,还要注重对区域外资源的整合,通过同东部先进省市建立对口合作的关系,实现区域对口支援,不断拓展西部地区与东部发达地区的合作,实现对西部教育落后地区的改造。

在完善西部乡村地区教学条件的同时,还要从软件上进行完善,通过建立区域内外资源的共享渠道实现资源共享,通过资源共享而提升西部乡村教育条件软实力。通过国家宏观调控推动西部乡村教育信息化和乡村远程教育的发展,使西部偏远地区的孩子同其他地区的孩子共享教育资源。

（六）促进农村教育与经济的协调发展

西部乡村教育发展缓慢有一个主要表现,就是教育教学成果的滞后性和缓慢性。由于教育需要长期持续地投入,在短时间内很难见效,通过教育投入很难产生直接的生产力效果和经济收入的增长性效果。西部乡村地区教育观念落后,生源不足,要发展西部乡村教育,必须要让人们看到教育发展带来的社会效益,因此建议将西部乡村教育同当地就业相结合,在教育的帮助下实现就业,拓展就业渠道和途径。同时可以依托学校教育资源而对成人进行生产技能、职业技能培训,使农民在生产劳动中提高劳动效率。这便凸显了教育对生产力的推动作用。总之,构建乡村教育同农民生产生活紧密结合的发展模式,能够提高西部社会发展乡村教育的积极性。

地方政府要积极推动和引导乡村教育与乡村经济的结合,大力发展乡村职业教育,加大职业化培训力度,在教育与培训中注重对林业种植、水产养殖、农副产品深加工等科学知识与技能的培训,从而使农民有能力将西部资源优势转化成具有附加值的价值性产品,拉动经济创收,形成稳定的产业链条。为加快发展乡村职业教育,应在乡村教育保障机制中纳入技术工人岗前培训、在职培训、职业资格证书制等内容,并吸纳优秀年轻教师到农村就业实习,推动当地特色经济发展。[①]

# 第二节　山东乡村教育振兴与发展研究

近些年来,山东省随着经济的不断发展,乡村教育事业的发展也取得了很大成效,主要表现为乡村教育体制改革取得新进展,教育投入有所增加,农村办学条件不断改善,农村教育水平及农民素质明显提高。

---

① 王学军.我国西部地区农村教育反贫困问题研究[D].咸阳:西北农林科技大学,2009:35.

但是,山东乡村教育事业发展中仍然存在一些现实问题,阻碍了乡村教育振兴与改革的步伐。下面简单分析一下山东省乡村教育主要存在的问题,并针对这些问题提出改革发展的建议与策略。

### 一、山东省乡村教育发展的主要问题

（一）教育投入不足

在山东省乡村教育的发展中,资金投入不足是最主要的"瓶颈",部分地区乡村教育投入甚至有减少倾向,尤其欠发达地区乡村教育投入严重不足,制约了乡村教育的顺利发展。

（二）存在学生辍学现象

山东省一些贫困乡村交通不便,经济落后,有很多困难家庭,而且教育补助政策落实不到位,导致一些贫困家庭的适龄儿童无法顺利上学或中途辍学,青少年享受义务教育的权利受到损害。

（三）教师素质及待遇偏低

山东省许多农村现有教师年龄偏大、学历偏低,师资队伍的结构很不合理,而且存在"超编缺岗"等不良现象。一些"转正"的民办教师学历较低,年龄大的教师虽在在职编制名列,但实际上长期缺岗,不再去学校授课。另外,农村教师待遇水平整体不高,甚至有拖欠工资的现象。乡村学校办学条件本身就差,教师教学任务繁重,工作压力大,再加上待遇低,导致教师队伍不稳定,教师流动性大,优秀教师较为缺乏。

（四）城乡教育差异较大

城乡经济水平差距是造成城乡教育差距的主要原因。城乡教育差异体现在很多方面,如教育投入、教育资源分配、教育现代化水平、教师学历结构、教育教学质量等。

### 二、山东省乡村教育振兴与发展策略

#### (一)深化乡村教育体制改革

推进乡村教育体制改革的不断深化,加大改革力度,这是振兴山东省乡村教育的重要途径。对山东省乡村教育体制的深化改革应做好下列工作。

(1)全面实施素质教育,建立以素质教育为宗旨的义务教育评价体系,严格控制农村学校教科书、教学资料的种类、数量和价格,推行政府招标采购,逐步建立教科书循环使用制度。

(2)进一步完善"以县为主"的乡村教育管理体制,对农村学生严格贯彻减免补贴制度和相关政策,真正实现由政府投资办学。

(3)深化人事制度改革,实施教师资格准入制度。

(4)大力发展乡村职业教育,成立由政府统筹、农业部门牵头、财政、教育、科技等部门参加的综合协调机构,集中整合培训资源,统筹规划、分工协作,加强考核、监督和管理,逐步建立起包括学历教育、农业实用技术培训、劳动力转移技能培训等在内的完善的农村职业教育体系,并根据需要增加培训内容,增强培训的针对性、实用性,进一步探索培训新模式,将定向培训、订单式培训、校企联合等培训模式有机结合起来,提高培训质量。把义务教育和职业教育结合起来,在义务教育阶段增加职业教育的内容。[①]

#### (二)继续加大教育投入力度

针对山东省乡村教育经费短缺的现状,应加快建立健全乡村义务教育经费保障机制,各级财政部门加大投入力度,为乡村义务教育提供财政保障。政府部门要根据乡村教育经费的缺口而循序渐进地增加经费投入,在财政收入中划拨一部分经费专门用于教育事业支出,做到专款专用,并适当提高这部分经费的比例,确保国家对乡村学生的减免、补贴等政策真正落实到位。

政府部门为教育事业投入的经费要用到最需要的地方,先满足贫困乡村办学的需要,重点改造乡村校舍危房,优化乡村办学条件,营造良

---

① 宋云青.山东邹平乡村教育实验研究[D].保定:河北大学,2013:52.

好的义务教育环境。除了由政府投入教育经费外,还要开辟新的经费筹集渠道,建立教育投资新机制,吸收社会资金,形成以政府财政投入为主导,社会多元主体投资的新局面。

(三)加强乡村教师队伍建设

第一,对山东省乡村教育和学校办公条件进行改善,为乡村教师教书育人提供良好的办公环境,使乡村教师集中精力工作,不断提高乡村基础教育质量。

第二,对山东省乡村教师的学历结构、年龄结构、职称结构、专业结构等进行优化与调整,形成合理的比例结构,整体优化乡村教师的结构和提升乡村师资队伍的水平。

第三,改善乡村教师的工资待遇和福利,及时发放工资、津贴和生活补助,提高待遇水平,提供衣食住行等基本福利,保障乡村教师的基本生活,减少他们的后顾之忧。

第四,完善并落实城镇优秀教师支援乡村教育的政策,为支援教师提供必要的补助,并鼓励和引导师范毕业生进入乡村支教。

第五,加强对乡村在职教师的专门培训,采用多种培训方式来提升师资队伍的综合素质和业务能力,最终提高乡村教育质量。

(四)加强乡村教育体系改革

对山东省乡村教育体系的改革应从以下几方面来落实。

1. 以农民增收为切入点来确定教育目标

对于乡村地区的农民而言,他们接受教育存在一定的功利性,即注重实效,应抓住这一特殊心理,在乡村地区大力发展农业教育,如兴办农校、创建农业合作社等,这样不但能够使农民学习科学、先进的农业知识与技能,还能使其将知识转化为生产力,学以致用,提高生产效率和收入水平,进而拉动乡村农业发展和经济振兴。总之,以增加农民收入为切入点来开展乡村教育,尤其是职业教育和成人教育,更有助于调动广大农民学习的积极性。

2. 教育内容要有适用性

在山东省乡村教育内容的改革中,要特别注意教育内容的适用性、实用性,突出特色化教育内容,通过特色教育而拉动特色产业,促进乡村经济增长和农民创收。为了确保教育内容恰当、实用,应鼓励乡村教育工作者结合本地特色而进行乡土特色教材的编写,因地制宜展开教育工作。由于村民的知识水平整体比较低,参加教育培训活动讲求短期效益,因此要立足村民的真实需要而开设教育课程,贴合村民实际,不能简单地移植和套用城市教育内容。

### 3. 教育形式要多元化

乡村教育形式应该是丰富多元的,要兼顾不同村民的需求,尽可能使村民的教育需求得到满足。农村生活比较规律,村民对闲暇时间的调配与安排比较单一,进行形式多元的乡村教育如函授教育、夜校、补习学校、农业讲座等能够丰富乡村社会生活,满足人们的精神需求。

## 第三节　广西乡村教育振兴战略研究

### 一、广西乡村教育振兴的战略目标

城乡义务教育一体化的深入发展,是广西乡村教育发展战略目标的直接根据。城乡义务教育一体化发展,是指统筹推进县域内城乡义务教育一体化发展,对缩小城乡教育差距、促进教育公平具有重要意义。城乡义务教育一体化发展要针对突出问题,在合理规划城乡义务教育学校布局建设、完善城乡义务教育经费保障机制、统筹城乡教育资源配置、提高乡村教育质量等方面推出务实策略,并能结合地方实际因地制宜选择发展路径。

中共中央、国务院在2018年印发的《国家乡村振兴战略规划(2018—2022)》,为乡村教育改革指明了方向,城乡教育融合逐渐发展成为城乡义务教育一体化建设的重要途径,这也是广西制定乡村教育发展战略的重要依据。城乡教育融合发展要建立城乡要素的合理配置体制机制,首先就要在教育基本公共服务上下功夫,吸引各类人才,而且要统筹发展各级各类教育,确保每一个孩子享有公平而有质量的教育,健全全民覆盖、普惠共享、城乡一体的基本公共服务体系。[①]

广西乡村教育振兴战略目标的内容主要由下列几个方面构成。

（一）加强师德师风建设

在广西乡村教育振兴战略目标中，师德师风建设是重中之重。在广西乡村教师队伍建设中，要严抓师德师风建设，在师资建设中将思想政治建设放在第一位，树立中国特色社会主义的思想观念，用科学而先进的思想武装头脑，鼓励教师中的党员树立榜样，发挥模范先锋作用，并凝聚师生的力量，组成"战斗堡垒"，增强凝聚力。

在广西乡村教育中，充分落实学校教师党支部建设工作，以公平、公开、公正的民主选拔方式来优选教师党支部书记，参选人员应该是优秀的教师党员，具备党性强、觉悟高、业务精、有威信、肯奉献等特征，对最终选定的教师党支部书记定期开展轮训。

（二）推进教育精准脱贫

广西壮族自治区乡村教育工作的开展有一个不可忽视的重点，即推进教育精准脱贫，切实帮助困难群体解决问题，资助贫困生，解决贫困家庭上学难的问题，降低贫困家庭子女的辍学率。在我国推进的众多扶贫举措中，教育精准扶贫最具可持续性，它能够有效解决贫困家庭子女的上学问题，使每位适龄儿童都能如愿实现受教育的权利，接受公平有效的教育。教育有利于脱贫致富，因为在教育中人们可以掌握生产技能、职业技能，学习文化知识，提升综合素质，这些都是脱贫致富的重要要求。

在信息时代，教育精准脱贫的可操作性很强，这个系统工程的顺利运作离不开政府、企业、社会等诸多力量的共同参与，只有形成强大合力，才能顺利实现扶贫攻坚的目标。

（三）科学规划学校布局

根据广西壮族自治区人民政府办公厅印发的《加强全区乡村小规模学校和乡镇寄宿制学校建设实施方案的通知》，广西乡村学校布局要满足两个条件：一是遵循青少年身心发展规律，为学生就近上学提供便利,保证教育公平和教育质量;二是既要避免学生过于集中,又要避免"空心校"的出现。

一般来说,小学的布局规划特点是,低年级学生就近上学,以走读方式为主,不寄宿;高年级学生也尽量以走读为主,但如果有良好的住宿保障、交通保障、生活保障以及安全保障,部分距离学校路途较远的学生可以考虑寄宿。

学校布局要合理,要缓解大班额的现象,要从地理特征、人口分布、交通资源、人口流动等方面综合考虑、科学布局,在科学合理布局的同时也能为教育资源的公平分配提供良好的条件。

乡村学校中既有小规模的完全走读学校,也有较大规模的寄宿学校,同时也有完全小学,对不同类型学校的布局规划要考虑实际情况,但乡村学校布局规划与土地资源利用规划是紧密联系的,所以有一个必须遵守的原则,即不占用永久基本农田、避让优质耕地。通常,完全小学设在人口比较集中、有生源保障的农村,可以由一个农村单独设置完全小学,也可以由相邻的两个或多个村联合设置;小规模学校一般设在地处偏远、生源较少的地方;寄宿学校通常设在乡镇。

(四)推进乡村学校标准化建设

广西必须根据自治区义务教育学校基本办学标准来制定乡村基础教育学校的办学标准,按照"实用、够用、安全、节俭"的原则加快推进乡村学校达标建设,全面达到国家规定的义务教育学校办学条件的"20条底线"要求,要求如下:

(1)消除D级危房;

(2)多层校舍建筑每幢不少于两部楼梯,护栏坚固;

(3)教室和宿舍内外墙面平整,无尖锐突出物体,室内无裸露电线;

(4)教室采光良好,光线充足;

(5)学生1人1桌1椅(凳);

(6)按国家标准配置满足教学需求的黑板;

(7)设置旗台、旗杆,按要求升国旗;

(8)具备体育活动场地和设施设备,开展特色体育活动;

(9)因地制宜设置围墙或围栏,保障校园安全;

(10)新增图书为适合学生年龄特点的正版图书;

(11)有可供开展多媒体教学的教室;

（12）学生宿舍不设在地下室或半地下室；

（13）寄宿学生每人一个床位；

（14）寄宿制学校或供餐学校具备食品制作或加热条件；

（15）配备开水供应设施设备；

（16）有条件的新建校舍设置水冲式厕所；

（17）除特别干旱地区外，寄宿制学校应设置淋浴设施；

（18）配置消防和应急照明设备，设置疏散标志；

（19）在校门、宿舍等关键部位安装摄像头和报警装置；

（20）消除超大班额。

### 二、广西乡村教育振兴战略保障机制的建构

广西乡村教育振兴战略保障机制，包括价值观念、行为规范、组织系统、物质支撑等内容。构建乡村教育振兴战略保障机制，要以社会建设理论为依据，用时要考虑广西乡村经济现状和广西农村教育的特点，与广西教育实际相适应。

广西乡村教育振兴战略保障机制的建构应贯彻三个原则。

（一）适宜性原则

从宏观层面来看，要结合广西乡村教育的特征、现状以及广西乡村少年儿童的身心健康水平及成长需要，来构建乡村教育振兴战略的保障机制，为全面推进广西乡村教育发展而提供保障。

贯彻适宜性原则来构建保障机制，具体要做到下列几点：

首先，从不同教育阶段的特点及相互的差异性出发而构建保障机制，为不同阶段教育的发展提供良好的环境；

其次，不同阶段教育的发展目标要有差异性，发展目标要以最近发展的层次性和渐进性原理为依据而制定；

最后，为乡村教育振兴与发展营造和谐、自由、宽松、安全的环境，统筹各阶段教育，保障不同阶段教育的协调发展。

（二）实用性原则

从中观层面来看,制定广西乡村教育振兴战略的保障机制要贯彻实用性原则,结合实际需要而有针对性地加以构建,并制订明确可行的支持计划与方案来实现保障机制的顺利运行,通过发挥保障机制的作用而切实解决广西乡村教育的发展问题。

（三）有效性原则

从微观层面来看,要结合提高乡村教育教学质量的要求来构建乡村教育振兴战略的保障机制,确保该机制运作的有效性,能够取得实际效果,达到预期目标,而且在长期的运作中都能够经得住广西乡村社会发展的考验,为乡村社会振兴与发展而服务。

### 三、广西乡村教育振兴战略保障机制的实施

（一）统筹规划,制定实施制度

1. 建构政府责任主体的保障机制

政府作为实施保障的第一责任主体,有权全盘管理保障机制的实施过程。政府作为第一责任主体的保障机制包括两个方面的内容。

（1）从整体上提供教育资源的总量,促进城乡教育协调发展。

（2）采取有效措施缩减区域办学差距。

政府既是乡村教育发展的第一责任主体,也是公共管理部门,其制定并落实农村教育发展政策和制度是发挥管理职能的最好方式。政府部门通过制定教育政策、合理配置教育资源而从制度层面为广西乡村教育振兴战略目标的实现提供保障。

2. 建构区域内合作联动机制

随着广西城市化进程的加快,人口大规模流动,农村人口进城务工成为广西人口流动的一大特点。而城市教育容量相对有限,不少地区对外来务工人员子女入学进行了分流。基于对广西乡村教育发展需求的考虑,可以采取打造"城市—农村教育共同体"、构建教育发展链、创建教育改革试验点、教师专业发展共同体等方式进行区域教育统筹管理,

为城乡义务教育的协调发展,缩小城乡义务教育的差距,提供保障。①

(二)合理分配教育资金,确保经费落实到位

国家为推动义务教育发展而建立了专项资金,并根据各地实际情况合理分配教育资金。广西壮族自治区在分配由国家下拨的专项教育资金时,应重点考虑乡村学校办学实际和教学需求,还要分别考虑寄宿学校、小规模学校和完全小学的不同特征和需求。

广西壮族自治区各级政府要对财政支出结构进行优化,适当增加教育支出所占的比例,为义务教育的发展提供经费保障,在具体使用教育经费时,向乡村义务教育倾斜,落实各项减免与补助政策,防止出现挪用教育经费的现象。此外,各地要从实际出发而促进乡村学生人均公用经费水平的提升,从经费的合理支配着手,为乡村学校正常办学提供基础支持。乡村寄宿学校除了需要办学经费,在安保、生活服务等方面也需要相应比例的经费,政府应将此纳入经费预算中,在这些方面投入适当比例的经费,统筹安排各项经费的落实,对于学校公用经费不得随意挤占,禁止乡镇中心学校挤占下级学校的经费,要为基层学校教育教学提供良好的经费保障。

此外,要完善乡村教育经费使用管理办法,从实际出发对公用经费在乡村学校间的合理运用进行统筹安排,实行规范管理,确保各类学校都能真正获得来自政府下拨的教育经费,严禁挪用。为确保小规模学校办学顺利和正常运转,应向这类学校提前进行公用经费的拨付,并将这部分经费纳入县级财政部门、教育部门的经费预算中。对于乡村教育经费的预算、筹集、投入、使用等都要做好管理,加强审计,保障教育经费使用的规范性和实效性。

(三)转变观念,优化管理评价职能

1.坚持党的教育方针

坚持以习近平新时代中国特色社会主义思想为指导,深入贯彻全国教育大会精神,坚持新发展理念,坚持以人民为中心,紧紧围绕实施"科

---

① 贺祖斌,林春逸,肖富群,等.广西乡村振兴战略与实践(教育卷)[M].桂林:广西师范大学出版社,2019:74.

教兴桂"战略、乡村振兴战略,切实履行法定职责,高度重视乡村义务教育,坚持底线思维,实施底部攻坚,统筹推进城乡义务教育一体化改革发展,全面加强乡村学校建设和管理,不断提高乡村教育质量,为建设壮美广西奠定坚实的基础。

2. 落实政府责任

(1)各地要把办好乡村教育列入重要工作议事日程,健全协调机制,解决乡村教育在学校规划布局、经费投入、教师队伍建设等方面的问题。

(2)把办好乡村教育纳入市、县两级政府考核体系,完善责任追究机制,确保各项政策措施真正落实、工作计划如期完成。

(3)充分发挥学校党组织"把方向""管大局""促落实"的作用,有效调动各方力量,充分发挥校长、教师的积极性,努力营造促进乡村教育发展的良好局面。

3. 加强督导检查

建立和完善乡村教育质量监测和督导评估机制,落实中小学责任督学挂牌督导制度,定期开展督导检查,以督促建,切实提升广西壮族自治区乡村学校的办学水平。[①]

**四、新时代广西乡村教育振兴的多维度思考**

(一)宏观维度的思考(国家层面)

1. 加大教育投入,促进教育公平

乡村学校办学离不开充足的教育经费,这是广西乡村教育振兴与发展最基本的条件。如果缺少教育经费,就很难保证教育质量,甚至都不能开展正常的教育活动,更谈不上城乡教育一体化了。

在素质教育背景下,振兴广西乡村教育,既要关注乡村教育质量,也要关注城乡教育的公平,而增加经费投入能够为广西乡村教育振兴和城

---

① 贺祖斌,林春逸,肖富群,等.广西乡村振兴战略与实践(教育卷)[M].桂林:广西师范大学出版社,2019:79.

乡教育公平提供基本条件和基础保障,能够使乡村教育发展的基础物质需求得到满足。

**2.关注薄弱学校,缩小城乡差距**

现在,广西一些贫困乡村的学校办学条件差,教育资源很少,这类学校需要重点关注与关照,只有重点解决薄弱学校的发展问题,才有可能使城乡教育的差距缩小。因此,要建立教育服务机会均等的理念,优化配置教育资源,解决贫困乡村学校的教育问题,提高乡村教育质量。

**(二)中观维度的思考(地方层面)**

**1.挖掘乡村文化,振兴乡村教育**

在乡村振兴战略中,乡村教育振兴是不可或缺的一个重要组成部分,居于重要地位,发挥着举足轻重的作用。广西乡村文化丰富,乡土文化独具特色,地域文化具有鲜明的民族色彩,这些都是非常宝贵的教育资源。因此,广西壮族自治区各级政府要对有特色的乡村文化、乡土文化进行搜寻或挖掘,从开发文化教育资源着手来促进乡村振兴和乡村教育振兴。

**2.调动多元教育力量,共同推进教育振兴**

教育振兴是一项系统而复杂的工程,需要多方协作,分工配合,群策群力,共同推进,所以办教育不仅仅是学校的职责,也需要政府、社会、家长、学生等多元主体共同关注、共同参与、共同支持,形成强大的合力和凝聚力来推动乡村教育发展。因此,要对广西乡村教育发展的多元力量进行积极探索和有效争取,努力提高乡村教育振兴战略实施的效率,提高乡村教育水平和质量。

**3.推进乡村教育信息化**

在信息化时代和全球化时代,信息技术在社会各个领域深入渗透和广泛应用,给人们带来了很大的便利,这也为乡村教育改革发展提供了良好的契机。广西乡村教育振兴与发展应紧跟时代潮流,突出时代特色,提高现代化水平。因此,在加强乡村教育信息化改革与发展,将现代教育技术充分运用到乡村学校中,充分发挥先进教育技术的作用,提高乡村学校教育教学效率和质量。为了营造良好的信息化教育环境,地方政府应加大投入力度,加强信息化教育资源建设,并不断提高教育工作者的信息化教学水平。此外,在广西乡村职业教育中应开设信息化相关课程,使人们掌握现代信息技术,从而在农业生产及各行各业中应用现代信息技术而提高产业效益。

### (三)微观维度的思考(学校层面)

#### 1.增强师资力量

师生比合理是保障现代教育质量的一个重要条件。广西乡村教育的师生比还不够科学、合理,贫困农村地区和偏远少数民族地区尤其不合理,师资力量严重不足。对此,应该建立教师补充机制,补足师资资源。此外,广西乡村地区教师的待遇不及城市教师,随着教师需求与要求的不断增加,乡村教师会因为对待遇的不满而影响工作或离职,而教师是教育的关键因素,所以要及时解决乡村教师的待遇问题。

#### 2.关怀留守儿童

留守儿童问题是社会各界广受关注的社会问题。广西农村人口较多,农村留守儿童数目也不少,他们相对缺乏关怀,国家、社会和学校应积极关注与充分关怀留守儿童,解决这一弱势群体的教育问题、生活问题,这有助于提高乡村教育质量,增强乡村教育自信。①

---

① 贺祖斌,林春逸,肖富群,等.广西乡村振兴战略与实践(教育卷)[M].桂林:广西师范大学出版社,2019:83.

# 参考文献

[1] 魏风云．乡村教育振兴研究 [M].北京：人民出版社,2020.

[2] 李森,崔友兴．社会变迁中的乡村教育 [M].福州：福建教育出版社,2017.

[3] 李森,张鸿翼．当代中国乡村教育研究 [M].广州：广东教育出版社,2018.

[4] 许庆如．变革与传承：近代山东乡村教育研究 [M].南京：南京大学出版社,2020.

[5] 丰箫,丰雪．近十年中国现代乡村教育国内研究综述 [J].河北师范大学学报(教育科学版),2013,15（8）：22—27.

[6] 田静．教育与乡村建设：云南一个贫困民族乡的发展人类学探究 [M].北京：中央编译出版社,2013.

[7] 王卫东．现代化进程中的教育价值观 [M].北京：中国社会科学出版社,2002.

[8] 韩丽,王晓慧．乡村振兴视角下的乡村教育现状分析 [J].农村经济与科技,2021,32（7）：314—315.

[9] 刘鑫辉,刘越男．农村小学教育现状及对策研究 [J].新农业,2021（11）：88—89.

[10] 宋宇,祁占勇．乡村振兴战略视域下农村职业教育研究现状和未来展望——基于科学知识图谱的分析 [J].武汉职业技术学院学报,2021,20（4）：5—12.

[11] 梁龙,张婧,孙凯．终身教育视角下乡村生态文明教育现状、困境与路径 [J].北京宣武红旗业余大学学报,2021（1）：19—25.

[12] 宋申猛．政府管理视角下的农村教育问题研究综述 [J].今日中国论坛,2013（19）：32—33.

[13] 陈旭峰,钱民辉．当前农村教育发展研究：回顾与展望 [J].成

人教育,2012,32（1）：4—7.

[14] 刘旭东 . 教育价值浅议 [J]. 青海师范大学学报,1990.

[15] 任平 . 对农村教育现状的理性审视 [J]. 教育探索,2007,（6）：7—8.

[16] 邓琴,覃永县 . 农村教育身份的缺失——论城乡教育二元格局下的农村教育 [J]. 学术论坛,2008,（4）：205—207.

[17] 李芳云 . 农村教育的公平透视及制度建构 [J]. 继续教育研究,2007（3）：38—40.

[18] 谢俊红 . 城乡教育差距与农村教育发展 [J]. 云南行政学院学报,2008（5）：95—97.

[19] 董强,李小云,杨洪萍,等 . 农村教育领域的性别不平等与贫困 [J]. 社会科学,2007（1）：140—146.

[20] 马洪江,陈松,黄辛建 . 西部少数民族地区农村教育问题研究——以四川省马尔康县为例 [J]. 中国教育学刊,2009（9）：31—33.

[21] 刘新科 . 西部农村教育现状、问题及其思考 [J]. 教育理论与实践,2005（3）：24—27.

[22] 刘小锋,林坚,李勇泉 . 农村教育供给问题研究——以福建省40 个行政村为例 [J]. 教育发展研究,2008（11）：5—8.

[23] 秦玉友,于海波 . 从数量扩张到质量提升：农村教育发展的主题转换与战略转型 [J]. 教育理论与实践,2009（11）：32—34。

[24] 邬志辉,马青 . 美国农村学校与社区信托基金会的农村教育指标体系及启示 [J]. 外国教育研究,2008（3）：29—34.

[25] 杨挺,马永军 . 当前我国解决农村教育问题的思路设计——基于卡尔多 - 希克斯效率理论的思考 [J]. 教育学术月刊,2009（7）：82—83.

[26] 胡俊生,李期 . 农村教育城镇化：城乡一体化的助推器 [J]. 甘肃社会科学,2010（2）：53—55.

[27] 陈旭峰 . 实施城乡一体化的分流教育——布迪厄的文化再生产理论对当前农村教育的启示 [J]. 教育学术月刊,2010（7）：3—6.

[28] 杨志军 . 论社会主义新农村建设视野下我国农村教育的体系创新 [J]. 社会科学家,2007（5）：136—139.

[29] 梅健,林健 . 农村教育发展中地方政府作为的思考——基于重庆南川 M 镇"关爱留守儿童教育工程"的田野调查 [J]. 当代教育科学,2007（2）：23—26.

[30] 毛书林.西部农村教育现状与再发展对策[J].中国经贸导刊,2007（19）:45—46.

[31] 叶风刚.黄炎培农村教育思想及其当代启示[J].继续教育研究,2008（7）:16—18.

[32] 刘小红,尹清强.农村教育改革旨在"为何"——论陶行知"为农"的乡村教育目的观及其当代启示[J].教育科学研究,2007（6）:20—23.

[33] 刘河燕.晏阳初乡村教育思想及其对当代农村教育的启示[J].成都:中国成人教育,2009（10）:159—160.

[34] 曹恒瀚.马克思主义视域下中国现代乡村文化重塑[D].成都:中共四川省委党校,2019.

[35] 陈锟.中国乡村教育战略[M].北京:中共中央党校出版社,2006.

[36] 刘雅静.大力发展农村教育着力培养新型农民[J].山陕西行政学院报,2007（1）:84—86.

[37] 金书颖,宋宜效,刘璇,宋丽丽.重视乡村教育振兴乡村农业[J].现代商贸工业,2021,42（7）:17—18.

[38] 陈丹.乡村小学关怀型师生关系构建研究[D].重庆:西南大学,2016.

[39] 伍辉燕.乡村小规模学校学生核心素养培养路径[J].桂林师范高等专科学校学报,2021,35（2）:102—106.

[40] 戴斌荣.农村教育发展研究[M].北京:北京师范大学出版社,2015.

[41] 安丽娟.基于乡村振兴战略下的乡村教育发展研究[D].南昌:南昌大学,2019.

[42] 赖明谷,安丽娟.基于乡村振兴战略的乡村教育发展研究[J].上饶师范学院学报,2019,39（4）:79—86.

[43] 陈俊.乡村振兴战略下农村教育发展现状及应对策略探究[J].山东农业工程学院学报,2021,38（6）:90—94.

[44] 王嘉毅,赵志纯.我国农村基础教育课程改革:问题与对策[J].教育研究,2010,31（11）:25—30.

[45] 汤颖,邬志辉.新时期农村基础教育改革的困境与路径[J].当代教育与文化,2019,11（3）:58—63.

[46] 陈孟达.我国农村留守儿童教育问题及对策研究分析[J].农村

经济与科技,2021,32（10）:222—224.

[47] 马宽斌,黄丽丽.乡村振兴战略:农村职业教育改革与发展新动能 [J].成人教育,2020,40（2）:47—51.

[48] 杨鹏.乡村振兴战略背景下农村成人教育发展与改革创新 [J].中国成人教育,2018（14）:158—160.

[49] 王会平.统筹城乡教育改革,推进中小学优质教育教学资源的乡村共享力度 [J].吉林省教育学院学报,2019,35（5）:1—5,62.

[50] 罗建河,彭秀卿.试论新课程背景下乡村课程资源的开发与利用 [J].天中学刊,2007（4）:24—27.

[51] 彭秀卿.新课程背景下的乡村课程资源开发 [J].新课程研究（职业教育）,2008（1）:35—37.

[52] 曾海军,夏巍峰,王敬华.农村教育信息化路径 现状·反思·案例 [M].北京:人民教育出版社,2015.

[53] 孟祥皎.乡村振兴背景下成人教育供需研究 [D].昆明:云南师范大学,2020.

[54] 董冬梅.农村小学留守儿童家校共育的行动研究 [D].济南:山东师范大学,2020.

[55] 李丽明.安徽省农村教育信息化的调查与分析 [D].合肥:安徽大学,2007.

[56] 刘光余.论我国农村教育信息化 [D].曲阜:曲阜师范大学,2004.

[57] 商旻.农村教育信息化发展路径研究 [J].科技经济市场,2020（8）:101—102.

[58] 王学军.我国西部地区农村教育反贫困问题研究 [D].咸阳:西北农林科技大学,2009.

[59] 尤让.我国西部地区农村教育政策分析 [D].太原:山西大学,2011.

[60] 宋云青.山东邹平乡村教育实验研究 [D].保定:河北大学,2013.

[61] 贺祖斌,林春逸,肖富群,等.广西乡村振兴战略与实践 教育卷 [M].桂林:广西师范大学出版社,2019.

[62] 郭振宗.山东省农村教育发展中存在的问题及对策 [J].管理观察,2009（5）:16—17.

[63] 教育部本书编写组.习近平总书记教育重要论述讲义 [M].北京:高等教育出版社,2020.

# 后　记

　　实施乡村振兴战略,是中共十九大做出的重大决策部署,是新时代推进我国农村发展的一个重要战略,是全面建设社会主义现代化国家的一项重大历史任务。2017 年,中央农村工作会议已经明确了实施乡村振兴战略的目标任务,并且已经制定和设计好实现乡村振兴的时间表和路线图。规划已做好,蓝图已绘就,目标已确定,当前要汇聚力量和智慧,推进乡村振兴战略构想变为现实。

　　乡村振兴是乡村全面振兴,乡村教育振兴则是其重要的组成部分,同时,"乡村要振兴,教育当先行",乡村教育振兴是乡村可持续振兴的内在支点。也就是说,乡村振兴战略的实现自然需要发展乡村内部教育事业,实现乡村教育振兴也需要国家发展关注和支持乡村振兴事业的教育,培养出一大批对接乡村振兴事业建设需求的各类高素质人才,他们扎根广大乡村,积极服务乡村振兴。

　　乡村教育事业要发展,乡村教育要振兴,需要打造高质量的师资队伍,需要培养一批关注和服务于乡村振兴事业的教师。乡村教师不仅发挥着文化传承、知识传递、技能传授的作用。此外,在乡村教育中开展道德教育、思想政治教育、社会主义核心价值观宣传教育,从而提高青年一代的道德水平、责任意识,使其自觉遵守道德规范、社会准则,增强广大乡村人民群众铸牢中华民族共同体意识,使其自觉维护祖国统一和民族团结。

　　有学者说:"研究者从事某项研究的动机、原因和期望,这些目的可能因研究者个人的生活背景、自己所属的社会团体以及所研究的现象不同而有所不同"。本人出生并成长于民族地区农村,接受乡村教育,因此对乡村教育有切身的体会,深藏着对乡村教育的一份特殊情感。目前,本人在民族地区从事高等教育工作,由于学习经历和职业特性让我长期关注乡村教育,在教学工作中经常思考如何有针对性地教育学生,提高他们的学习兴趣,增强学生本领,提升学生为乡村教育振兴服务的意识和本领。但由于本人研究水平、研究能力有限,研究视野还不够开阔,因此对中国乡村教育振兴有关问题的研究还不够深入,提出的解决问题措施仍需进一步完善。当然,也希望有更多研究人员深入广大乡村,研究乡村教育振兴问题,尤其重视研究农村义务教育,为推动建立以城带乡、整体推进、城乡一体、均衡发展的义务教育发展机制而努力,为制定实施适宜本地区乡村义务教育事业发展的政策做出贡献。

本书的完成并不是研究的终止,本人将长期关注乡村教育问题,在教育工作中将更加关注来自广大农村的学生成长,倾心于培养热爱乡村教育、服务乡村教育、建设美丽乡村的优秀大学生。

愿我国乡村教育事业兴旺发达!

陈孝凯

2021 年 12 月于凯里